1

2 3 4

1 亞果遊艇總經理時期，承擔責任引領風帆遠航，記錄了無數挑戰與決策的軌跡

2 啟動人生中的奇蹟產生器，繽紛色彩可能隨時來到

3 擔任雲品副總階段，穿上讓我隱形的黑色套裝，這堂人生的課教會我老二哲學，要把鎂光燈打在別人身上

4 擔任中天記者／主播時期，教會我要有膽識、敏捷、舉一反三的能力，奇蹟產生器的養成每一步都不會白走

2021 年的花蓮之旅，是一場感恩的相逢，徐榛蔚縣長的熱烈歡迎讓人備感溫暖

4 產、官、學、媒完整歷練讓我工作、演講、考察邀約不斷（圖為 2024 年受邀擔任馬祖參訪團評委）
5 2021 年帶老媽到花蓮太魯閣山月吊橋初體驗
6 面臨感情低潮，兩隻愛貓一多多和阿肥的陪伴，助我調整心情迎向奇蹟
7 有時停下腳步思考，是為了闖蕩更廣闊的未來

1	2	5	6
3	4	7	

1 我的第一本書《誰說我的狼性，不能帶點娘 ?!》發表會，與親愛的老媽和老公一同出席，意義非凡

2 與老公在浪漫土耳其，似乎有點夫妻臉，越長越像

3 揮別「動靜脈畸形瘤」考驗，曾經的獨眼龍順利在 2 年半內取得政大新聞研究所碩士學歷

5 從媒體公關轉入飯店業，是正念、準備、機會具足的奇蹟
6 台灣棒球十二強比賽是努力而來的奇蹟，齊聲為中華隊加油
7 和同仁慶生，培養好感情、好默契，工作更能無往不利
8 從小就是多才多藝的小孩，人小志氣高
9 高中時期跟隨潮流存錢去拍流行的寫真集，故意裝成熟
10 演講為職場帶來新思維，希望將正向積極的能量傳遞給所有人

1	5	7
	6	8 9
2 / 3	4	10

1 我們的結婚照，明明兩人個性南轅北轍，卻像天與地，互存互補組成乾坤

2 2003 年中天記者時期前往法國出差，同行記者現在都是各行各業菁英

3 花蓮翰品總經理任內，帶領主管們完成了一個又一個的奇蹟（圖為打造「寶特瓶耶誕樹裝置藝術」時的整地紀錄照）

4 花蓮翰品總經理任內，帶領團隊過關斬將，獲得集團第一屆運動會的亞軍

成功邀請張善政市長擔任花蓮觀光文化大使，使命必達

花蓮縣政府縣政顧問時期仍不鬆懈，持續為創造花蓮觀光奇蹟而努力。歷經0206、0403 大地震和無數次風災，堅強的花蓮，加油！

奇蹟產生器

——心想事成的正念執行力

唐玉書 著

推薦序

斜槓才女的奇蹟

李鴻源（台灣大學水工試驗所研究員）

AI來臨，一股量能多元亦多變的渾沌充斥在這寰宇之中……人們被迫在猶豫人生軌道的時候，卻有一位在槓桿人生中脫穎而出的才女出現！

台大畢業即踏入了記者的森林，衝撞歷程中，開拓了自己的眼界，她深知沒有背景的人，只靠努力是絕對不夠的，除了在知識的奮進博學，人脈的廣結善緣之外，仍須修心，「上善若水」更成了她行為與思維的指標。

科技與社會變遷快速，職場人必須具備多元的通識與博學，玉書在人生學習計畫中，取得不同領域的碩、博士！她自行體驗星級酒店從行銷、公關，轉進到經營管理，從基層步入到五星級酒店的總經理；雖然是一個酒店企業，卻踏實的在不同崗位中展現其從謀劃到組織的執行能力。

有云學而優則仕，花蓮縣府以其在專業領域中的優異表現敦聘其擔任最具挑戰的觀光處處長一職！果不其然的她以創新的話題、超然的領導能力，為花蓮的觀光產業帶來了許多亮點。玉書任內不僅頗受花蓮縣長徐榛蔚的嘉許，此刻離任之後仍不時返回出謀劃策，受惠的當地業者均給好評！

玉書的前本大作《誰說我的狼性，不能帶點娘?!》居然能紅到港澳新馬！可見她形塑故事與論述理論的能力！

玉書轉進斥資數十億打造的安平亞果遊艇國際集團司總經理一職，又開啟了她學習與發展的歷程……她的新書將歷程中不斷的「惜福」之心境披露，她將關懷以愛「雪中送炭」遠勝「錦上添花」來得珍貴的情境，述說自己的人格特質。

她將累積「人脈存摺」中的感受，與相互間「施與受」、「捨與得」之人生課程與讀者分享。

玉書以曾子所言「吾日三省吾身：為人謀而不忠乎？與朋友交而不信乎？傳不習乎？」作為先自省、而後省人之道修，放在她為人處世的信念當中。

朋友間都能感受玉書本能對「感恩」施放的溫度，與她的熱忱、活力、對新事物永遠所持之好奇與熱情！「如何放下妒嫉、憤怒、怨恨、後悔或其倍受壓力不歡愉的狀態……」這是玉書在《奇蹟產生器》書中的告白。

預祝玉書能再登暢銷書作家排行榜，為她、為愛她的家人和朋友一起道賀其精彩的斜槓人生，並再添一筆彩虹！

推薦序

正念積極，打造傳奇

林文雄（1111 人力銀行總裁）

情與義、善與孝是高端人士的本質，我看著玉書以高學歷進入職場的歷程，不負父母師長期望，帶領團隊開疆闢土，二十年換二十二份工作並非「滾石不生苔」，反而造就十八般武藝的高強度，融會貫通的打造傳奇。

典雅帶點辣味，又散發狼性，玉書談到「許願」與「奇蹟」，千迴百轉，也綜觀眾生，往往正在萬事籌謀的路上，貴人好像有心電感應般，已在不遠處含笑招手。

到底是東風俱備水到渠成？還是要汲汲營營認真去追逐？奇蹟這樣的事情，說起來容易，真的要書寫的時候，也有點左右為難。玉書了解，強摘的果實不會甜，但是沒有壓力，也成就不了大事。類似這樣的矛盾在書寫過程中一直有生動的思辨。

每人選擇不同，也各有勝負。新世代手握玉書千錘百鍊的「許願密碼」，必展康莊大道，博得一生燦麗前程。

感謝老天爺幫我創造奇蹟，我是開創台灣房屋代銷業的第一人！往前追溯五、六十年以前，台灣經濟開始起飛，當時台北的高樓數量，不超過二根手指頭。

民國五十六年我經營中華建築開發中心，因仍處戒嚴時期，「中華」兩字，只准黨營事業，民間公司不准用「中華」二字，我只好向台北市政府新聞處登記「中華建築」雜誌社，再延伸附設為「中華建築開發中心」，目的在仿效有特殊權威的黨營事業——包山包海的「中華貿易開發公司」，專門提供當時國內外最新的建材，包括：日本三菱、日立、美國OTIS，王永慶台塑集團的南亞塑膠製品、中華鋁門窗、和泰進口不鏽鋼爐檯……等等，配合沈祖海、林慶豐等建築師前輩，以提升台灣的建築水準為己任。

民國六十年元旦，經濟部交代嚴慶齡等工商大老，帶領全國各產業公會，舉辦「中華民國開國六十年工業展覽」，我當時負責「建材館」的展示，同時，也想幫助當時任教的淡水工商專科學校（現為真理大學）學生爭取兼差打工實習的機會，第二年就在豪美大廈（中山北路一段八十二號）二～五樓創辦「住的展覽」。寒假時有三十幾位學生獲得兼差打工的機會，除了展售沙發、家具、美術燈、不鏽鋼爐檯等，以及國泰、太平洋、華美等建設公司的模型外，我更在「住的展覽」四樓，做了一座超大的台北市街道圖的立體模型，把當時正在銷售的房子一一標示位置及附近的學校、市場，看一眼即可對地理位置瞭若指掌，同時發行「購屋指南」，也在三樓展示一間「鳳凰大廈」套房的樣品屋，在敦化南路忠孝東路口，菲律賓首都銀行旁的預售大廈樣品屋，首開台灣樣品屋的濫觴；第二年預售屋教父張克東，在南京東路五段三民路上，推出了「九鼎大廈」，也跟著在預售空地上蓋了一棟樣品屋。

「住的展覽」就這樣成為台灣第一家「房屋代銷」業的創始者；「住的展覽」房屋代銷最經典的代表作，是在民國六十三年於吳興街底的姆指山上推出的「挹翠山莊」，面對台北一〇一。當初推出時，只是一片五十多公頃的青翠山林，經過六期的規劃銷售，最後一批，即特定區的「上林苑」，於民國七十三年推出時，一棟只賣五、六百萬，現在上億元仍然買不到，目前，已經變成東區的陽明山；另一典型案例，應該是民國六十四年在新莊副都市中心推出的「幸福新城」，兩個月賣了二千多戶，當時，思源路及中港路之間，因海水倒灌而成為一片汪洋，幸福建設公司董事長陳兩傳，因東澳水泥廠一直無法如期生產，遂與鴻泰建設以合建方式預計要蓋一二〇戶的幸福新城，跟我簽約之後，我才到現場勘察，我從新莊省立台北醫院旁，撥開竹林一看，嚇了一跳！當時七、八月中午艷陽高照，左邊是觀音山，右邊是陽明山，中間是一片大海，長了不少比成人還高的浮萍，上頭還爬有福壽螺，在這種沼澤地上，蓋的房子怎麼賣？

開車回台北中興大橋，我突然想起在橋頭常有人在賣風箏，因此，就想到放風箏可轉移視覺，因而，立即舉辦「中華民國第一屆風箏比賽」，邀請體育協進會理事長楊森擔任會長、楊英風教授擔任評審委員。當時，在中視每週六下午一點，也開闢一個「住的展覽」電視節目，由白嘉莉擔任節目主持人，當時的台灣省政府謝東閔主席的如夫人

（廣東人）也來觀賞，回憶起小時候，在家鄉的童年回憶。因此，民國六十四年十二月，台灣省政府規定全國中小學運動會，增加民俗運動，包含踢毽子及放風箏比賽！緊接著更抓住社會脈動，關注時代變遷，後來也循同樣模式創立了1111人力銀行，發揮社會影響力。

這樣不可思議的際遇，我算不算也是一台「奇蹟產生器」？

我和玉書結緣很早，但比較熟稔是在她擔任花蓮觀光處處長之後，看到她不凡的努力，一直給予花蓮和她打氣支持。最近，台灣旅宿業生意都不太好，尤其花蓮更為嚴重，因此特別創辦「愛遊網」，正以「線上旅展」天天搶特價，來幫助各旅宿業，希望可以再創奇蹟！

玉書第一本書由時報文化和1111人力銀行聯合出版，銷售奠下不錯的基礎和口碑。看著玉書一步一腳印，也見證了她如何把自己轉化成奇蹟產生器，更開心看到她願意分享這些訣竅，推廣正面善念。

不分彼此，期許大家能成為有閱讀習慣的讀書人，高貴而典雅，突破一切的限制迎向美好未來。

我真誠推薦由唐玉書精心創作的《奇蹟產生器》，一起進入她的魔幻世界與奇特經歷。

推薦序

奇蹟總是來敲門

馬西屏（前康寧大學副校長）

魔術師劉謙喜歡說「見證奇蹟的時刻」，劉謙的魔術有奇蹟的意思，但不是我心目中真正的奇蹟，因為大家都事先知道所以在等待，甚至已猜知結果。我心目中的奇蹟要有一點「不期而遇、不期而生、不期而有、不期而喜」的味道。

簡單的說關鍵在一個「奇」字，奇妙、奇遇、奇緣、奇趣。這個「奇」字引出了出乎意料的驚喜、不可思議的驚嘆、歡天喜地的驚奇、嘆為觀止的驚心；就好像無心插柳，根本沒設想竟柳成蔭。

我認識的玉書真的是「奇蹟產生器」，其中她一個重要的產生器是「插柳」，玉書是一個很忙碌而殷勤的插柳人，本意無心卻奇蹟成蔭滿林。這本書訴說的就是「你跟奇蹟之間的距離，只隔著一個動作，就是『付出』」。

我來說件事，別人是過「生日」，有效期限一天；玉書是過「生月」，她的生日有效期至少一個月，是全台灣罕見的從軍人節慶生到國慶日，中間有個孔子誕辰，孔子過生日都被她比下去，真是「台灣奇蹟」！玉書記得每一個朋友的生日，她參加的生日活動可能也是台灣最多的，她殷勤周到的忙於「插柳」，於是有「成蔭」的朋友主動祝賀她生日。例如我是不過生日的，所以也不參加別人的生日活動（因為我是聖誕夜生的，大家都忙聖誕活動，餐廳都是聖誕大餐，前廿年晚上我在報社工作要上班，後廿年晚上在上節目），但是我的每一個生日玉書都費心的替我過，於是她的每個生日必然有我的身影，對我而言真是奇蹟（這件事講的是婚前，婚後再也沒過了，她有了龍不要馬了）。

既然講到了龍（隆，她的先生建隆），當然更是一個大奇蹟，我是真正見證奇蹟的時刻。那天也是一位董座生日，「生日王」玉書是天下最親切熱情的人，我那天一進門，玉書就習慣拉著我的手，帶我到位子上。拉手是玉書親切的習慣招牌動作，所以被拉的我雖然春心小漾，也了然於胸，因為每個客人都自然的被「拉」。

但是建隆到場誤入森林，舉目無友、四顧茫茫、心中忐忑！突然一個溫暖的柔荑握住了建隆冰冷的大手，這個無心插柳的例行公事，直接溫暖了建隆弱小的心靈，他已經很久很久沒握過女生的手了，讓建隆心中花開滿天，找到了自己的真命天女。一個簡單的拉手找座位，無心插柳柳成「公」，玉書自己作夢都沒想過，而建隆當晚根本在夢遊，這種就是我要說的奇蹟。

這是玉書式的奇蹟：無心的付出卻帶來夢想不到的回報。愛因斯坦說「生活方式只有兩種：一種是相信凡事沒有奇蹟；另一種則是把所有事都當作奇蹟」。玉書是把所有事都變成奇蹟。

很喜歡邱吉爾的一句話：「我們靠獲取維持生存，靠付出開創人生」，這本如玉般的書，講的就是付出，開創燦爛人生。

愛，實際是付出的別稱。心中有愛、人生何處不桃源，所以奇蹟總是來敲門！

推薦序

一個人走得快、一群人走得遠

唐從聖（全方位藝人　從從）

我們唐家妹子被稱為「公關界」的林志玲，只有個頭不像，其他的溫婉顏值、IQ與EQ都極為神似。台灣女人如此兼具感性與知性，唐玉書很有代表性，女漢子二十年換二十二個工作，從媒體轉戰觀光產業，誰能比她強？

玉書文字深具感染力，不僅有當下啟發，更餘韻無窮，調動情緒的能力，似乎超越金庸的三山五嶽與蜀山劍俠們的奇幻，讓我融入玉書《奇蹟產生器》的想像裡。

哲學家尼采說：「即使人生重頭來過，也無所謂，這才是無怨無悔。」玉書寫道，正面迎戰、直球對決，就算輸了，那又如何？至少努力過了，能「面對」已經贏了第一步！在職場上，好勝和自我感覺良好的她自信滿滿，不斷精益求精，終於突破困境，猶如開外掛般過關斬將、步步高升，創造職場奇蹟。

所謂「勇敢」不是不害怕，而是就算恐懼到發抖，也想這樣做。玉書切身實踐，擬定戰術後，帶領團隊自創 PDSC 循環模型，從 See（觀察）開始，Check（評估）後再 Plan（企劃）和 Do（執行），獲得高度成就。

「心甘情願」一起努力，果然能迎接奇蹟，難怪人家說，有幸福的員工才會有幸福的客戶，有幸福的客戶才會有幸福的老闆，這就是幸福企業的三贏。玉書在書中也多所描述。

詮釋「分享」，玉書也觀點獨特。她寫到，人受了教育，有智慧和能力可以控制心中原始的慾望和野性，「懂得分享」就是這樣來的。

收到好吃好玩的禮物，總大方分給同事朋友，感覺自己很富有，自然而然也讓自身的人脈存摺越來越富有，常常在重要時刻出現貴人相助。讓台灣舉國歡騰的二〇二四年世界十二強棒球賽台灣隊，更是她心目中「懂得分享」的黃金團隊。全隊沒有個人英雄主義，團結的隊員都樂於「分享」所有的壓力、成敗和榮耀，一群英雄完美分工，創造奪冠奇蹟。

樂於分享的個性不僅展現於具體實物，在心靈層面、知識層面上玉書也喜歡跟大家分享，這也是她願意爬文寫書、四處演講分享知識和經驗的初衷。

一個人走得快、一群人走得遠，但一群人沒有分工、沒有遵守團隊紀律和倫理，能一起互相扶持走得遠嗎？看唐玉書的新書《奇蹟產生器》，很容易找到明確而實用的答案。

推薦序

以善為本的品德

梁幼祥（知名作家、美食家）

傳統文化告訴我們「人生的學習」旨在弘揚光明正大的品德，在於使人棄舊圖新，在於使人達到最完善的境界。

故而《禮記・大學》篇中載有「大學之道，在明明德」，這是兩千多年前孔子設館授徒把「仁義禮智信」作為儒家思想的基本架構、以引導民族的陽光精神！

我的妹妹玉書，正在用最淺顯的文字，傳達一種含蓄文化的感念，尤其她用惜福、感恩作為此書的核心價值；然而「感恩、惜福」常常聽人掛在嘴邊，但卻似乎成了「不為」、「只說」的一種口號。

台灣每年會選出一代表字，來呈現有關世局的現況，而「亂」居然出現過兩次，這十年來還有「苦」、「茫」、「翻」……這些極負面的字被選出，呈現的就是嘲諷現今社會充斥著許多負能量。

政府的亂政、道德的崩塌、人性的詭亂，以致當官的傲慢……過去被認為鐵飯碗的公務員，都頻頻出現被霸凌、甚至屢有自殺的不幸事件……這是過去自稱禮儀之邦的台灣應該有的現象嗎？

台灣正在因去「文化」而步入困窘之途！當國家機器明示暗示的要把校園中「禮義廉恥」的牌匾拆卸同時，知識分子當為何如？

《詩經》中「投我以木桃，報之以瓊瑤」，用美玉報答木桃之恩，當是一份「滴水之恩，湧泉相報」的心意。

從以前我看著玉書長大，覺得她雖是個豪情滿懷，卻似柔情蜜意的女孩，我親眼看著玉書對母親至孝至恭、對朋友亦好善樂施、對老公柔情似水。她以她常職司「管理」、「公關」、「行銷」的工作積累，整理了這一本心得，所要傳遞的應該就是一個以「善」為本的感念！

玉書本的就是中國早期文化傳統中，從「盤古開天地」、「女媧造人」、「倉頡造字」的神傳文化初始，到「人法地，地法天，天法道，道法自然」天人合一的文化血脈！

玉書的前一本大作《誰說我的狼性，不能帶點娘?!》大賣之後，又有此新作，甚是可賀！為兄的我，僅以此文鄭重推薦！

推薦序

玉書，創造奇蹟

張善政（桃園市長、前行政院院長）

當台灣隊奪冠的歡呼狂潮猶響在耳際，教練與球員的奮鬥金句在《奇蹟產生器》中諸多著墨，值得讀者收藏。

玉書描寫隊長陳傑憲的心聲，「從一路真的不被看好，努力走到了最後，拿下久違的冠軍，創造奇蹟，讓世界看見台灣。」總教練曾豪駒把球員當兄弟，傳授獨家技法及陪伴，「我們是有能力去競爭的，當然，目前只是接近人家強隊的一小步，還要繼續努力。」勝不驕，敗不餒，也正是玉書在職涯重要階段帶領團隊的法則，「已經上壘達到得點圈了，我相信我可以，我也相信我的隊友可以。」

教練這樣說，玉書也這樣說。

生命持續出現的「難以置信」，或多或少震撼過每個人。月有陰陽圓缺，人有旦夕禍福，千古以來，從來也沒有絕對的完美。也因此，與其做自己喜歡的事，不如喜歡自己做的事，這就是成熟。

奇蹟產生器為努力過無遺憾的人而啟動，思前想後通透，好事才循著氣場靠近，這就是唐玉書真才實學的人生觀。她畢業於台大經濟系及政大新聞研究所，從小拿第一名當班長，養成「寧為雞首，不為牛後」的霸氣。這霸氣可曾歷經挫敗？玉書在書中分享她的百般心情，真實動人，讀者必有共鳴。

我和玉書相識在花蓮觀光文化大使任內，以無給榮譽職分享花蓮的好玩，感受原住民多才多藝的唱歌天分和熱情豪放。鳥瞰紅葉溪谷和瑞穗村，自然幽靜，正是玉書帶領的觀光處所呈現。她進入職場二十五年，從記者到公關，再擔任集團最高領導總經理，信任就是一條康莊大道，讓關係穩固，而媽媽傳授的「腰桿要彎、嘴巴要甜、雙腳要勤」更是人際寶典。

也因此，玉書牢記家訓，展開燦爛的笑容和親切的問候，讓同事彼此坦誠相待。書中敘述，她以身作則，走出糾結的小天地，允許一切發生，擁有更多的可能。

玉書強調，這世間真正強大的力量，不是對抗，而是接納與領悟。成功的領導者無不以寬諒的格局不斷放下、重生與創新，單純的念頭帶來無私無悔、溯源觀照及偉大的願景，她珍惜善緣與覺行的合一。

一切得失都是考驗，所有遺憾皆是成全。這本書，必定觸動讀者，交織著事業與家庭兼顧的雋永。

推薦序

奇女子唐玉書的奇蹟

葉匡時（陽明山未來學社理事長、前交通部長）

我的台大學妹唐玉書是位奇女子，她生涯中創造了無數個「奇蹟」，其中最令人震驚的奇蹟之一，是出版了這本書。玉書在二〇二四年十一月中命令我替她的新書寫序，我無法拒絕，只能乖乖地交稿。十二月初，玉書給了我這本書的自序以及幾個章節，我才知道她是十一月才接到邀請要寫這本書，並要在十二月底完工，對來自學術界的我來說，能在這麼短的時間完成一本點評江湖、指導人生的書，真是一個不得了的奇蹟。受到這個奇蹟感召，我也創造一個奇蹟，那就是第一次在沒看完全部書稿內容的條件下，為一本書寫序。這好像是隔空抓藥，不能不說是個奇蹟。

認識玉書是我在擔任交通部政務次長期間，當時我在君品飯店參加一個餐會，玉書那時擔任雲朗集團的公共事務處處長，前來與各桌的客人打招呼。我當時就對這位年輕美麗、熱情大方、積極活潑的台大學妹留下深刻印象。後來，我們一直有保持聯繫，奇蹟的是，幾乎是每次我見到玉書，她就換了一個工作，而且是不同領域的工作，包括：媒體界、飯店業、遊艇俱樂部、政府公職、大學老師、企業顧問等。在每個職位上，她都表現得十分稱職，據我所知，每次她離開原有的職務，都會讓她的老闆感到惋惜。正是因為她經歷過許多的工作職務，加上她有許許多多不同背景身分的好朋友，成就了她豐富多元有趣的生活經驗。玉書她可以說、可以寫、可以行、可以決，誠奇女子也。

根據自身的經驗，玉書認為，只要你許願，同時要加一個前提：「我會如何付出或者願意犧牲什麼……。」然後，你認真去付出或犧牲，你的願望就很可能會實現，這就是產生奇蹟的方法。從管理學的角度來看，玉書的許願其實就是「設定目標」，付出或犧牲，就是「執行方法」。執行方法必須有策略、有步驟，並要得到多方的資源與協助。玉書以她豐富的閱歷，提供具體的思維邏輯、執行策略與方法，從這本書的目錄來看，她提供的建議，肯定會比傳統管理學的教條要更鮮活具體。只是，我不知道她在書中有沒有提到，她的老公是如何奇蹟地成為她的老公。

記得多年前曾在ICRT聽到主持人David Wang訪問李敖，主持人問李敖：「你能夠寫這麼多本書，會不會有時候必須充電一下？」，李敖回答：「我不要充電，我就是個發電機。」我當時的感想是：「偉哉李敖，講話寫作都不同凡響。」唐玉書不是發電機，但她是個不同凡響的奇蹟產生器。她之所以能夠成為奇蹟產生器，是因為她樂於交朋友，無私地與朋友分享，願意多方嘗試與創新，在每個職務上，她都能無怨無悔負責任地去完成任務。相信讀者讀了她的書後，一定可以心想事成，創造奇蹟。

推薦序

以情緒磁場連結陽光

萬岳乘（潮人物雜誌社長）

我們常聽人家講影響力，口中喃喃但付諸行動的少、或根本不知道怎麼做，看了玉書這本書，她除了「事後諸葛」分析自己的奇蹟、可能成功的原因外，認識她的人都知道，往往人還沒到，幾公里外，就感覺一股熱情。不誇張，我不知道這是不是叫「正能量」，但人的感受才是最直接的，只要跟她聚會完，甚至只是一小杯咖啡，回家都會通體愉快、不由地快樂。

剛開始我不知道原因，就像剛開始，我讀完這本書，有點不自在她的「方法論」，或把這本書當作一本工具書，畢竟，我們的交往一直不是工具性的目的或量化的存在，平常閒聊二句、問候健康、說說生活雜事，不為什麼，至多是一種喜怒哀樂的交換，後來仔細想想，才知道這多麼重要。

所謂飲水思源，與人為善，談到人的良善價值，百分之九十都是情感，或者說情緒的問題，因為它會誘發一系列的連鎖效應，帶著旁邊的人相信人性本惡或本善、世界可以燦爛或陰暗。而在網路尚未普及時，玉書傳遞的真心和正向的人生，不自覺地在朋友間建立一個情緒磁場，連結了各式各樣的人，願意帶來他們的陽光。特別是她書中提到的「感恩」，以及不吝惜讚美，表面上我們看到玉書總是能呼朋引伴，人緣超級好，事實上朋友們都漸漸感覺到自己費洛蒙的變化——以我來說，就稍微變得沒有那麼憤世嫉俗一點。

我想起人類意識的起源，包括建立世界觀和小孩子怎麼重複善良等，都提到一個至今百思不解的現象——「湧現」，那些網絡複雜的動態連結所爆發的各種突破性、出乎意料的反饋，我想就是玉書所說的「奇蹟」吧。

奇蹟雖然找不到邏輯性、可驗證的道理，正如我之前也遍尋不著人生的種種意外究竟是為什麼，但看她一路走來誠心的「感恩」如吸鐵般地海納百川，我才終於學習到，你必須像她一樣持續的試，真心的做，不放棄任何的可能性，才可能讓奇蹟發生。

現在，再回頭看這本書也就理解了，把它當作成功寶典也罷，模仿「奇蹟產生器」期待好運降臨的途徑也未嘗不可，人總要得給自己找個持續真心、說好話的動力，到最後若也能說句「不知道要謝什麼，就謝天吧！」這可是我們都盼望的，不是嗎？

謝謝好友玉書。

推薦序

許願實現夢想的力量

劉宥彤（國發會「台灣創業島 Startup Island TAIWAN」計畫主持人、前永齡基金會執行長）

在這個充滿挑戰的時代，我們都渴望奇蹟。然而，比起天上掉下來的禮物，它更像是一顆隱藏在我們內心深處的種子，需要我們灌溉、用行動去喚醒它。《奇蹟產生器》這本書，或許能引領你踏上這段奇蹟旅程。

玉書用自己的人生經驗與視角，帶領我們重新審視自身的潛力。奇蹟其實是由我們自己的行動創造的，透過有系統、科學的觀念，讓每個人都能成為自己人生的奇蹟產生器。書中介紹了如何運用 SWOT 分析來洞察自己的優勢與劣勢，並且善用機會與資源，把挑戰轉化為前進的動力。這些工具不僅讓我們更加了解自己，更能幫助我們設計出一條通往成功的路徑。

此外，我最喜歡的是她提到了感恩的重要性。感恩是一種強大的能量，它能夠讓我們在面對人生風暴時依然保持穩定，並從中尋找到隱藏的祝福，當我們心懷感恩時，不僅能與周遭的人建立更深的連結，也能吸引更多美好的事物進入我們的生命。而這些美好，便成為奇蹟的催化劑。

書中與我有共鳴的是類似向宇宙下訂單的心想事成。許願不僅是一種渴望的表達，更是一種與老天爺的對話，為自己的人生設定目標，並祈求宇宙賜予我們實現夢想的力量。奇蹟的循環，往往是由第一個願望開始的，當我們看到第一個奇蹟實現後，內心的信心也隨之增強，而這股信心將牽引我們每一個微小的念力，最終集合成美滿的人生。

這本書蘊藏著啟發人心的洞察，讓我們相信，無論身處何種境地，我們都擁有改變的能力。《奇蹟產生器》不僅是一份指引，也可以是一份承諾：只要我們願意行動、相信自己，並以感恩的心迎接每一天，奇蹟將不斷降臨。我誠摯推薦這本書給每一位正在尋找方向、渴望突破的讀者，願它能像它的名字一樣，成為你生命中的奇蹟產生器，幫助你創造屬於自己的奇蹟人生。

推薦序

以奇蹟書寫人生劇本

劉倩妏（詩人影后）

你相信奇蹟嗎？作家羅爾德・達爾說：「不相信魔法的人永遠找不到魔法。」奇蹟也是，我從十幾歲讀過《魔法》以後就深信，奇蹟不是看到了才相信，而是因為相信才看得到。

認識作者唐玉書數年，覺得她本身也是一個奇蹟，小小的身體裡蘊藏著大大的能量，說起話來口條清晰，條理分明，然而我們從未聊過這本書所提及的《牧羊少年奇幻之旅》、泰戈爾、卡內基。我讀過作者的第一本書《誰說我的狼性，不能帶點娘?!》她出席過我詩集《把夢，裝進行李》的新書分享會。而且我是前些日子才發現，我們原來都在同一個出版社，出版了人生的第一本書。中視是作者畢業後第一個入職點，也是我二十二歲從馬來西亞隻身來台發展，接第一部戲《讓愛飛揚》的電視台。

以科學的角度，量子物理學指出，世間萬物都是由能量組成，這種能量就是磁場。身處在巨大的能量磁場裡，我們說什麼、做什麼、想什麼，都會產生意念，會吸引跟自己頻率接近的人事物。相信大家對吸引力法則都不陌生，我自己也是多年的實踐者。承蒙作者不嫌棄，邀請我分享生命中經歷的奇蹟，以下就淺談一下我的生命經驗。

國中時期家裡遭逢巨變，父親創業失敗，外公癌末病重，我和弟弟念私立名校的學費一下成了家中重擔。看著母親拿著計算機苦惱的神情，我才突然了解，長大，原來是一瞬間的事。

那年十六歲的我，身為長女自覺要減輕家中負擔，便開始半工半讀，暑假最高紀錄是一天四份兼職。不久之後學校開學，我沒那麼多時間打工，學長問我有沒有興趣賺取被動式收入？他知道我暑假賺了錢，要買箭豬棗給外公服用，他遊說道：「只要加入我的事業，就會有源源不絕的箭豬棗！」衝著這一句話，我便開啟了長達五年的傳直銷業生涯。

那時學校有髮禁，為了不讓顧客看出我還只是個高中生，我的書包裡裝的都是假髮、套裝、高跟鞋，一放學把學生制服換下就去跑業務了。通勤路上手捧《富爸爸，窮爸爸》，穿著十幾公分的高跟鞋四處會客銷售，短短幾個月的時間，我成為了公司的Top Sales，團隊迅速成長，我除了回本，也開始賺錢了。說來很不可思議，我會成為演員的契機是因為被雜誌封為「賺錢女王」，專訪刊登後，我的人氣水漲船高，受邀上節目，這才被製作人相中，誤打誤撞演出了我人生的第一部戲，那年我十八歲。

播出後，我戲約不斷，組織也日漸茁壯，我晉升成為了講師。隔年我十九歲，買了人生第一台進口車，成為了團隊口中的傳奇人物。當時我已經不覺得自己在賣產品，而是在賣夢想，賣一個實現財富自由的機會，那種打從心底的相信，讓我一路過關斬將。「不要睡著做夢，要醒著圓夢」，這句話曾是我的座右銘。我常在外工作到清晨，車上備著枕頭、毛毯，累了就睡在車上。那幾年我的平均睡眠時間只有兩小時。

二十歲我的團隊開始擴展到東馬、香港、越南等等，每個月飛來飛去辦講座、培訓新人。那年我帶領團隊刷新銷售額，在公司表揚大會上一舉拿下了「最佳團隊獎」、「最佳外地團隊獎」，而我自己則拿下了「最佳個人銷售獎」。同年我主演的電影《榴槤忘返》成為了馬來西亞史上首部入圍東京影展正式競賽單元的作品，首次踏上東京影展紅毯，讓我看到原來電影也可以帶我衝出國外。

二十一歲主演的電影《Ola Bola》（輝煌年代）入圍金馬獎，我也因此來到了台灣，表演老師開始介紹一些經紀公司給我，我頓時陷入天人交戰，因為我深刻知道，打從心底想成為全職演員的意念，是越發強烈了。二十二歲那年毅然決然地離開傳直銷業，帶了兩萬元台幣來到這片新的土地，從零開始。二十三歲我憑藉電影《阿奇洛》，再次入圍東京影展並一舉奪下了「東京寶石獎」。

我想我一定是幸運的，如同作者所說，運氣來自於努力，努力也要用對方法。但我的覺察力遠遠不如作者，我甚至不知道自己做對了什麼，才這樣一步一步走到今日的位置。而作者整理出了十大金律，收錄在這本《奇蹟產生器》。我真希望自己能早一點遇到這本書，這樣我就能少走很多彎路了。但現在遇見這份寶典也不遲，開始自省，開始修煉，如同作者書中所言：「準備好了，才接得住那神奇拋過來的好球。」

推薦序 神級的存在

O2O人力活動一站式整合行銷「iSeek愛席客」創辦人王盈潔
潔老闆（網紅行銷、內容行銷、

書寫的情境直透內心深處，感受與作者共賦的靈魂，那療癒力量總讓我靜下來，重新審視過往的種種甜美與迷惘。

台大畢業後的我以為當老闆只要有源源不斷的案源即可，持續維持著「習慣做」和「簡單做」的想法，並且一人抵三人來節省經營成本做到極致的模式長達十年，是我在創業過程中曾經失去方向迷惘的起源。年少得志的我，屢屢錯失和業界前輩深度交流的機會，當直播紅利快速下跌，實體活動需求銳減，未來經營方向迷惘，讓我陷入能力受挫的深淵。

時至今日，鑽牛角尖的創業階段逐漸度過，我更要借重前輩新書《奇蹟產生器》的智慧，將手中上千位網紅的社群流量資源做更具體多元的變現模式，玉書學姐的新書越讀越有感，她進入購物台籌辦美容展的輝煌挑戰，讓我想起，自己也曾在短短不到十天，召集上百位網紅出席新品記者會，並創造上千萬流量的奇蹟，執行成效遠超客戶期待。

身邊的老闆朋友，都是「神」級人物的存在，近朱者赤，近墨者黑，想要像誰，就去複製誰。我佩服玉書學姐幹練中含有隨興的鬆弛感，跟這樣的老闆工作一定很過癮，由她帶領團隊的從容自信，可以見證她迎接奇蹟的那一刻，是多麼的應得。

奇蹟只會降臨在特定人身上，玉書認為，天地間無形中有個「主考官」，負責審查真心誠意到什麼程度？這個概念很像現在年輕人最愛的手遊電玩，每關都有一個大魔王，關關難過關關過，具備了關鍵條件或能力之後，自然可以輕鬆過關，創造奇蹟。

行動力才是最困難且最重要的決勝關鍵，靠扎扎實實、一步一腳印、善用方法策略過關斬將，為自己贏得「奇蹟產生器」的那道光。

看著玉書學姐在職場上不斷創造的奇蹟，我審視自己，我是個有行動力的人嗎？通過了上天各類考驗才峰迴路轉，今年，我要籌組網紅聯盟，彼此互助互利共好學習，做出流量變現的明敞環境，讓網紅社群呈現真善美，影響力和變現力齊發。

玉書學姐也在書中提醒，「不一樣」是別出心裁創造出來的。搞怪特立獨行＋自我感覺良好，這類型吸睛網紅創造的只是流量的短期變現。若是把美麗當職業的網紅，更要認清自己的「不一樣」、接受自己、挖掘自己、發揚自己，才能創造真正的美麗奇蹟。

「不做 Me Too」，不抄襲、不跟風，我要追隨玉書的故事，引領市場獨創一格，透過創意發想，不斷思考商業競爭。Make myself some different; something will be different，書中許多觀點處處「打」到我，別人「認為」你是怎樣的人，並不能「決定」你就是那樣的人。

書中另外一段談「珍惜當下」，我也深有同感。古人有云，一粥一飯，當思來處不易，半絲半縷，恆念物力維艱，這是我的內心話。

社會快速進步下，人類過度浪費日甚一日，珍惜食物已刻不容緩。我多次匯集食物捐贈給惜食中途島，帶領網紅站出來為社會弱勢發聲，希望每一份食物都能為社會中看不見的角落帶來更多溫暖與力量。

開卷有益，玉書學姐為我打開希望之窗。

推薦序

奇蹟的四個好運法則

謝文憲（企業講師、職場作家、主持人）

我跟玉書相識於「極憲彤鄉會」電台訪問，她是一位話匣子一開，主持人就會很輕鬆的受訪者。一開始對於她的背景非常好奇，看完她前面一本著作，就對這位橫跨傳統媒體、民間公關、花蓮縣政府，再回到民間企業「N棲」的女性領導者（不要用女強人來描述她），產生極大興趣。

有意思，就會有意義

二十年換二十二種工作，您有想過嗎？而且還能游刃有餘。她有一個核心價值跟我很像：換工作後，下個工作絕對不要做同一產業。

她轉職不是憑感覺，而是使用科學化的方法，SWOT 在本書中有非常長篇幅的說明，非常值得一看。

我看完本書後，對於玉書《奇蹟產生器》的始末，以及她能如此幸運，或者說持續擁有新機會、新挑戰，從旁觀者的視角，提供讀者四個觀察指標和好運法則：

1. **好奇心，促使好運連結**：人要時常能預見奇蹟、創造奇蹟，最重要的就是：「永保好奇心」。她在花蓮縣政府面對議員的質詢、面對花蓮觀光的困境、面對台灣四周環海卻懼怕海洋的恐懼，都能處理得輕鬆寫意，在我看來都是因為好奇心，讓她的好運能產生奇妙的連結，而這些好運集合起來，最終就成為奇蹟。

2. **做你擅長的，至少要好玩**：我發現：她談論政府的觀光旅遊行銷、飯店的日常管理、遊艇業的未來，眼裡都有光，而且很容易把光讓他人感受，這必須擁有一至兩項核心技能，我認為就是她的溝通技巧與人格特質，再搭配內心童真的好玩心態，才能把成人世界如此艱辛的工作，講得如此有趣。

3. **行動，是促發奇蹟的最佳策略**：我只見過她一次面，雖然時常在臉書上互動，但真正的談話就是電台訪問那次。她約我為她的新書寫序，或許她心裡猜測我拒絕的機率可能高達七成，或許連她都沒想到，我竟然答應了，其實這就是業務精神，也是她本書中所言：「當你全心想完成一件事，全世界都會來幫你」的概念。

4. **預留彈性與保持快樂，是致勝的武器**：她從前份工作離職，下個工作絕不找相關產業，這是絕對聰明的策略，也是為自己的職涯預留彈性的方法。除了避免媒體、公關、管理職有所謂避嫌或旋轉門的疑慮外，傾聽內心聲音，尋找能讓自己永保快樂的工作崗位，是她能不斷產生奇蹟的人生思維。

看完本書之後，我給讀者三個建議：

1. 您對生活所產生的好奇心，會決定您的圈子大小，試著給自己一點磨練，多觀察生活中所有有趣的現象。

2. 老話一句：去試試，才知道結果，不要紙上談兵，行動才是克服恐懼的最好方法。

3. 不要讓企圖心大於行動力，試著練習對自己的核心職能做出分析，熟讀自己的使用說明書，是奇蹟產生的第一步。

誠摯推薦本書。

自序

當你真心渴望某件事，整個宇宙都會聯合起來幫助你完成。

When you want something, all the universe conspires in helping you to achieve it.

——巴西著名作家《牧羊少年奇幻之旅》作者保羅．科爾賀（Paulo Coelho）

「當你真心誠意想要完成一件事，全世界都會來幫助你」。這是我第一本書曾寫過的一段話，靈感來自於初中讀《牧羊少年奇幻之旅》時不自覺深植心中的金句，很多人回饋，這句話對他們影響很大，出版社因此希望我由這句話發展第二本書——《奇蹟產生器》，以自身經驗鼓勵他人，實踐正向心理學的吸引力法則。套句最近常被引用的印度詩人泰戈爾在〈用生命影響生命〉一文中寫的話：「把自己活成一道光，因為你不知道，誰會藉著你的光，走出了黑暗。」我沒泰戈爾這樣偉大，但是這句話的確打動了我，讓我著手準備第二個書寶寶。

第一次會議出版社給我一個不可能的任務，期許我在十一月底前寫完這本書，以便提報明年二月台北國際書展，我不假思索地回覆，不可能啦！現在都已經十一月四日了，不到一個月怎麼來得及完成一本書呢？沒想到出版社竟然秒回我，妳不是說：「當你真心誠意想完成一件事的時候，全世界都會來幫你嗎？」既然如此，妳怎麼可能沒辦法創造「奇蹟」？聽畢我立刻啞口無言，只好回家開始準備打拚。說也奇怪，當我有了這樣的信念後，連續幾天我受邀去參加的活動，冥冥之中好像跟我想寫的主題都息息相關，包括由中國殘疾人士歌舞團演出的千手千眼觀音，或者是傻瓜導演曲全立的紀錄片電影《台灣超人》，在在驗證了我所說的「奇蹟產生器」。

曲導說，台灣超人就是超越自己的人，這些個案中，展現的是當事人的毅力和正面態度，讓他們超越身心、環境的限制成為超人，創造了奇蹟；但沒有說明的是，他們到底怎麼做到的？每個人都期盼奇蹟出現，就像每次比賽、考試、評核，人人都想勝出，但第一名永遠只有一個呀！所以，奇蹟只會降臨在某些或某個特定人身上，對於不是「The One」的人來說，可能一輩子都沒有奇蹟產生。到底贏得、啟動並操作一台「奇蹟產生器」，或者乾脆把自己變成「奇蹟產生器」的訣竅是什麼？用耳熟能詳的方法做歸納、用淺顯易懂的案例做演繹，這不就是我的強項嗎？就這樣，新書書名和方向拍板定案。

第二次會議，出版社又問我，很多人都真心誠意許願想完成一件事情，但為何總是事與願違呢？如果你認為「奇蹟產生器」可以靠摸彩幸運抽中，那就大錯特錯，它是需要被爭取來的。我認為無形中有個「主考官」（你可以稱呼它老天爺或上帝或阿拉……，本文稱之為上天），祂負責審查你真心誠意到什麼程度？你又願意為了這個人事物付出或犧牲什麼？當你通過考驗，祂大手一揮就可以讓你產生奇蹟、心想事成、水到渠成。這個概念很像現在年輕人最愛的手遊電玩，每關都有一個大魔王，關關難過關關過，當你具備了關鍵條件或能力之後，自然可以輕鬆過關。換言之，奇蹟絕對不是等著禮物從天上掉下來，坐而言不如起而行，隨著年紀越來越長，我發現「知易行難」真的比「知難行易」有道理，行動力才是最困難且最重要的決勝關鍵。

以後，當別人羨慕你運氣好的時候，你大可驕傲地說，你的運氣來自於自己的努力，因為你是靠扎扎實實、一步一腳印、善用方法策略過關斬將，為自己贏得「奇蹟產生器」的那道光！

生活方式只有兩種：一種是相信凡事沒有奇蹟；另一種則是把所有事都當作奇蹟。

There are only two ways to live your life. One is as though nothing is a miracle. The other is as though everything is a miracle.

——天才科學家愛因斯坦（Albert Einstein）

目錄

推薦序

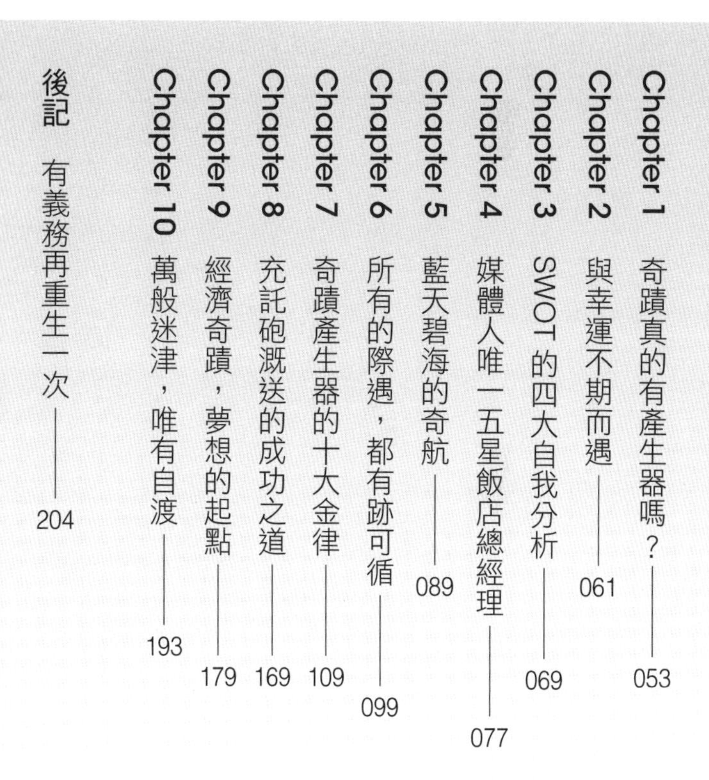

Chapter 1

奇蹟真的有產生器嗎？

合起手掌許願是我從小到大的祈福儀式，祝願語永遠是「心想事成」，希望自己成為手拿魔杖的哈利波特，或手握蒲扇的濟公活佛，手一揮就能點石成金、心中所想一一實現。我認為能「心想事成」已是人生至高境界。

所幸，務實的我，「心願」一向不大，所以經常能體驗到「心想事成」的驚喜。記得幼稚園時，好羨慕別人有蛋糕吃，民國六〇年代台灣物資匱乏，能吃到西式蛋糕是一件多麼幸福的事情，所以我總在心中許願：吃蛋糕。

有天晚上，終於又夢到大快朵頤吃奶油蛋糕，滿手滿嘴都是奶油，正感幸福時，突然被媽媽搖醒：「趕快起床吃蛋糕！」原來是在俱樂部兼職廚房工補貼家用的媽媽，把客人到店裡慶生沒吃完的蛋糕打包帶回家，讓我真真實實感受到「心想事成」的喜悅和滿足。

之後，我變得更常「心想所願」，包括可以有新衣服穿、校外教學時大晴天、考試得第一名等等，隨著年紀漸長，我慢慢發現，凡是想不勞而獲的心願都不會實現；所以我改變戰術，嘗試用「談判」方式跟上天溝通。當別人都在祈願金榜題名的時候，我的許願內容卻是：老天爺，我會努力讀書，如果您認為我夠努力，請您保佑我考運好，考題都是我會的吧！就這樣我順利考上了第一志願台大。

事實證明，先有付出、再許願的成果，比什麼都不做、光許願的成功機率高出好多倍，也讓我養成習慣，在許願時加一個前提：為達到這個願望，我會如何付出？或者願意犧牲什麼？

第一次讓我體悟到人生不可能永遠「心想事成」，是考完研究所後，莫名其妙罹患怪病「動靜脈畸形瘤」。放空的那三年我常在想，是不是我在許願順利考取研究所的談判出現了什麼問題，才會讓我失去健康？有天我突然想起大三時跟同學因好奇去找大師算命，學生時期的我也沒什麼好問的，當然是問能否順利考取研究所，記得當時大師看完我的命盤說，妳最好明年再考，明年文曲星高照。言下之意就是告訴我今年肯定考不上。

反骨我的偏不信，用很極端的方式逼自己天天熬夜，心態觀念也不是很健康，當時想考取研究所只是為了一股不能輸的好勝心，結果，我果然「逆轉天命」考取第一志願——政大新聞研究所，該屆經濟組破紀錄錄取了兩個人（原本名額只有一人），我的確「心想事成」了，但高興不到一天，一體兩面的結果就是，我在健康這個面向「事與願違」了。

看到這裡，看倌們是否覺得納悶，本書不是在告訴大家要讓自己成為「奇蹟產生器」嗎？怎麼可能會有事與願違的狀況發生？這不自相矛盾嗎？寫書過程中，我也不斷思考這件事情，後來終於想明白了。

在人生這場戲碼中，老天爺是導演，祂的確幫每個人安排了不同的角色設定和劇情大綱；但整齣人生劇場是由自己擔任編劇並擔綱演出，要演得陰暗落寞、每下愈況，悲劇收場；抑或轟轟烈烈、高潮迭起，喜劇收尾？一字曰之：「心」。

老天爺導演會在每一幕設下重要考驗關卡，如果你能順利過關，就可以心想事成、創造奇蹟；反之則自怨自艾、抑鬱終生。孟子曰：「故天將降大任於是人也，必先苦其心志，勞其筋骨，餓其體膚，空乏其身，行拂亂其所為，所以動心忍性，增益其所不能。人恆過，然後能改；困於心，衡於慮，而後作；徵於色，發於聲，而後喻。」正是這個道理。

接下來，就讓我們用科學的方法，一一拆解讓自己成為「奇蹟產生器」的心法訣竅吧！

我見我思

趕書期間，雖然壓力很大，仍信守承諾帶團參加好朋友「深圳台商協會婦委會」游淑燕主委主辦的兩岸女企業家聯誼交流活動。透過游主委的關係有幸參訪全球最大 PCB 企業——臻鼎科技集團深圳總部，聽完董事長沈慶芳的精彩演說後，我們全團都被圈粉了。

歷練過觀光產業、金融業的沈董五十三歲才從台灣移居深圳，投入完全不熟悉的新環境和 PCB 印刷電路板產業，二〇〇六年他許下業績世界第一宏願，透過一系列有計畫性的各項軟硬體改革，短短十年就達標，自二〇一七年已連續七年蟬連世界冠軍寶座。目前臻鼎科技集團已是一家資本額九十五億、員工四六〇〇〇人、兩岸上市市值超過新台幣四八〇〇億元的世界知名企業！

相對於公司的高知名度，沈董卻十分低調，律己甚嚴，他工作二十年，沒有打過一場小白球、沒有一天遲到早退，他以身作則，堅信善的循環、施比受有福，他每天花兩小時持續不斷地學習新知，也因此將自己和公司變成奇蹟產生器，創造無數奇蹟！他常謙虛地以自己來鼓勵年輕人，他說如果一個像他這樣沒有高學歷、沒有科技相關背景的人都可以做到，比他更優秀的你／妳為何不可以？

沈董設定的企業精神和文化非常樸實，很多都來自他日復一日的做人處事道理，他說臻鼎人的成功方程式是：福分×智慧×健康＝成就感＋所得。我只能不害臊但又自豪的說，智者所見略同，我在本書提出的看法很多都跟沈董不謀而合，也在此提出跟各位讀者分享之，對的道理放諸四海皆準！

在兩岸女企業家的聯誼交流中，聆聽他人的勵志故事，借他人的光點亮了前行的天空

Chapter 2

與幸運不期而遇

談到奇蹟，許多人必然直接聯想到許願、幸運、念力、祈福、禱告或者天降神蹟，覺得奇蹟無法主動創造，只能靠被動等待，心誠則靈、有拜有保佑等說法因此應運而生。但是連股神巴菲特都敬佩的美國傳奇投資人查理蒙格（Charlie Munger）卻堅信：「得到想要的東西，最可靠的辦法，無異是讓自己配得上擁有它。」

時而自問，如何配得上？我始終相信，努力到最後，一定有條路和幸運不期而遇。「奔跑呀！追逐著蝴蝶，越追飛得越遠，等我們坐下來，卻悄悄停在肩膀上。」一花若芬芳、蝴蝶自來；幸運也是如此，當它決定要跟你碰面的時候，自然會不期而遇，否則擦肩而過也渾然不知。

所遇之人所遇之事，沒有偶然；所發生的所遭遇的都是必然，端視一己之心如何看待「轉念、轉身、轉向」，也就是說，挫折是隱藏的祝福，留點滴則處處是恩典，那何妨靜心等待啟示與天意？必有一霎那間，靈光乍現，茅塞頓開，Everything happens for a reason。

有因有果、有果有因，要怎麼收穫先怎麼栽！但不論果是甜是苦，別把它當作獎賞或懲罰；而是用「果」來自省「因」，把過程轉化成必要的人生學習，分辨當下輕重、利弊、是非、對錯，調整觀念、態度和腳步，適當適時選擇轉念或轉身或轉向，讓它成為自己再繼續往前的動力。

先把自己準備好了，主動的行動力便是迎接奇蹟產生的原始根源。回憶二〇一一年，若沒有立即反應、主動出擊遞上名片，前輩李傳偉無法帶我轉入公關之行；二〇一二年若沒有婉拒長官善意鋪好的路，主動在 1111 人力銀行投遞履歷，與五星級的觀光業光環也就絕緣，照不到我的轉型之路。

我常想，轉念或執念，哪樣才能擺脫挫折？到底是東風俱備水到渠成？還是要汲汲營營認真去追逐？奇蹟這樣的事情，說起來容易，真的要書寫的時候，也有點左右為難。

揠苗助長的稻穗無法活、強行摘下的果實不會甜；但是沒有壓力也成就不了大事。類似這樣的矛盾在我寫書過程中不斷進行著思辨。每個人選擇不同，結果也各自不同，但我認為沒有對錯或勝負。只要你知道自己要的是什麼，而且能欣然接受真實的自己；只要你有夢想，而且不放棄夢想，夢想也不會放棄你。有夢最美、希望相隨之外，還要加上一句：有方有法、築夢踏實。

沉寂二十年回歸的滄桑歌手刀郎，演唱會萬人空巷；第一代網紅，影音質感最強的李子柒三年杳無音訊，再度出擊，田園生活流量照樣衝破五億；擔任演員五十年一直沒沒無聞的王德順，五十歲開始健身，堅持到七十九歲才因躍上T台走秀一夕爆紅。十年寒窗無人問，一舉成名天下知。想想四十歲時連兵馬都沒有的劉邦怎麼建立大漢王朝？五十二歲還在仰天長嘆何時會成功的劉備最後怎麼與權傾一時的曹操、孫權三分天下？四十歲的成吉思汗被安達背叛，兵敗如山倒、逃亡溪邊，最後怎麼帶領千軍萬馬建立橫跨歐亞非三洲的元帝國？姜子牙八十歲才出山入世，怎麼有辦法封侯拜相成就霸業？肯德基爺爺到六十五歲還在領社會救濟金，怎麼創建出全球數一數二的速食連鎖王國？賈伯斯四十二歲回蘋果接任 CEO，當時公司負債十億美金，怎麼用十四年時間將賠錢貨搖身一變，成為全球價值最高的品牌？

分析以上這些名人、偉人、達人、異人創造的奇蹟，我發現他們都是先將自己準備好了，然後主動出擊，有方有法、築夢踏實。注意到了嗎？我這裡用的是「築」夢而非「逐」夢，因為夢想不是靠追逐到手，而是靠一磚一瓦建築而實現。努力到最後，自然會與幸運不期而遇。

「萬般皆是命，半點不由人」是留給弱者說的話；強者遇到挫折多半會告訴自己「一切都會好轉的。」然後重新準備好、不放棄夢想，繼續堅持到最後。無論結果如何，至少努力過了，在過程中已是強者風範。「一切都會好轉的。」這句看似自我安慰的話，其實是深悟操之在己而寫成重返榮耀的版本。「搞定自己」往往比「應付別人」困難。示弱或好強，心中的魔鬼和天使一生都在交戰，任一方不會永遠勝出，因為人生是一個動態方程式，是正是負，端看參數如何設定，而設定參數者不只自己一人，還包括天時、地利、人和，難怪寶島歌王要唱：「三分天註定、七分靠打拚」。

上天精於把關，不接平庸之作，漸入佳境的逆轉勝，來自通透的智慧，也就是說，順逆其實由不得自己，有些人縱使百般努力、萬般勤奮，也龍困淺灘。但，總有方法可以改運、總有方向可以加速，無法預期的事，專心度過就好，就像院落中的冬季，葉黃枝枯，卻無損它對春天開花的期待。

如果腦子轉不過來，讀到這裡只能三聲無奈；但聰慧的人卻能由此看出端倪。為什麼好好的，卻突然變壞了呢？感情有了隔閡、工作出現障礙、人際也無來由空轉……自己明明如常度日，並沒有犯錯呀！

那，究竟是怎麼回事？原來是上天已為你的考核打好分數，強勢介入撥亂反正或撥正反亂，過關的人可以產生奇蹟；反之則感諸事不順。過去，凡事太理所當然，現在遇到當頭棒喝，勢必需要從頭省思與學習。失去的，加倍補回；缺角的，重新圓滿。

面對逆境窘況，必感憂傷難過、自怨自艾、情緒起伏，但我的經驗是，靜思則可否極泰來。

人非聖賢，無法說靜就靜、說思就思，需要緩衝，也需要循序漸進……勇敢面對一段時間後，奇蹟出現，轉角遇見幸福，痛苦減緩，希望感逐漸湧上心頭。以前絞盡腦汁夢難圓，如今起心動念，渴慕的那人即時出現了、期待的那事也有了眉目。

所有的腳印都有覺知。楊絳女士說，不要碰到一點壓力，就不堪重負，不要碰到一點不確定性，就覺得自己前途黯淡無光，不要碰到一點挫折，就一蹶不振。該走的彎路，該吃的苦，該撞的南牆，該掉的陷阱，一樣都少不了。

一切的好轉，要感謝時間賜予，以靜心與耐心，撥開了迷霧。堅強挺住，熬過去、跨過去，總會與幸福不期而遇。史帝芬．茨威格（Stefan Zweig）在《昨日世界》中說：「命運之手隨時隨地會把我們攫住，帶入永不滿足的戲弄中。」藝術家林之助也以書法寫下「明天有明天的風要吹。」誰也猜不透，會被命運的狂風吹向哪裡。

全宇宙聽到發願而集氣幫你，指的是普世救民的志業、指的是正面善念的初衷，而非升官發財的商業私利或小情小愛的私情私慾，否則廟裡滿是香火客，豈不個個都成巨富和人生勝利組。

志業必須正向、專業必經長期修習，等遇見幸運才承接得住，天時地利人和東風俱備，奇蹟產生水到渠成。許願的前方，並非「一鏡到底」，中間要轉場、剪接，機動調整才能到達彼岸。越是身懷絕技，越能快速美夢成真。否則，天使棒點過來，千山萬水還找不到主角呢，更別說想跟幸運不期而遇了！

Chapter 3

SWOT的四大自我分析

夢想是珍貴的，可以奔赴，可以實現，更可以讓原本粗糙的現實生活變得無與倫比的美麗。

奇蹟更有良性的循環，第一個來敲門後，信心大增，牽引往後每個微小的念力，集合成美滿的人生。許願更是和上天對話，讓自己有堅定前行、築夢踏實的力量。

日文「人間五十年」、中文「人生半百」，五十歲對每個人來說都是重要的分水嶺，而我在五十歲這年選擇進入半退休模式，開啟另一段人生。回顧過往種種，許多奇蹟的發生，交織著夢想和許願，其實有法可循。

能進入新聞圈是經歷打敗病魔、擊退死神的艱辛過程，但短短四年，我便毅然決然的轉身離開。除了接受事實，承認自己無法改變大環境，其實是經過冷靜的 SWOT 自我分析。

所謂SWOT，即優勢（Strength）、劣勢（Weakness）、機會（Opportunity）與威脅（Threat）。前兩者「優勢」與「劣勢」著重在分析自我的「內部」狀態；後兩者「機會」與「威脅」則是「外部」環境狀態分析。這套理論大部分被運用在商業策略上，但我喜歡以它來分析自己。

知彼知己百戰百勝。從這四個面向分析當時我在新聞圈發展的狀態，優勢與劣勢各占五成。「優勢」是學歷好、表達能力強、口齒清晰、反應快。「劣勢」則是入行晚，又不符合當下流行的美女主播形象，以及初出社會，不懂經營人脈關係，長官緣也不好。

至於「機會」這個面向，二〇〇〇年適逢解嚴不久，媒體業蓬勃發展、百家爭鳴，跳槽風氣盛，只要在同一家電視台待久了自然會有一片天。但不可否認，隨之而來的「威脅」是，記者薪資水準大不如前，而且因為台灣媒體羶色腥風氣漸甚，逐步喪失過往的新聞自律和新聞道德，記者社會地位低落。

經過理性「SWOT 科學分析」，再觀察新聞台長官過的生活，確定那並非自己心之嚮往的未來人生，我毫無懸念地送出辭呈。留下或離開，都需要智慧與勇氣！人生永遠都是「選擇題」，而非「是非題」，沒有對與錯，只有適不適合。

就這樣，我離開媒體圈轉戰當時最夯的電視購物。在東森購物四年的歲月，我兩進兩出，創下專員離職兩個月，連跳六級回聘成為經理的紀錄，是當時全公司最年輕、未滿三十歲的經理。而且在三〇〇〇人的集團內過關斬將，以集團接班人計畫第一名之姿，預計三年內被培育成為副總。

正當意氣風發之時，上天又出考題，二〇〇八年集團經營生變易主，儘管公司有留我一個位置，但我斷然決定離職，開始闖蕩江湖。決定從購物台跳到觀光產業，也是經過了縝密的 SWOT 分析。

有了記者、東森購物、開設公關公司以及產業界的歷練後，評估自己的優勢包括媒體、人脈關係佳，也具備公關專業度；劣勢則是沒有觀光飯店餐飲相關經驗、人脈等背景。

至於觀光產業的機會和威脅，機會比威脅大很多。二〇一一年，週休二日已推行十年，國旅觀念興起，且二〇〇八年開放陸客來台觀光，帶動台灣觀光產業發展，兩大國際觀光指標（圓山飯店和台北一〇一）都轉虧為盈，再加上各大集團紛紛加碼投資觀光產業、各大專院校紛紛新設觀光相關科系，觀光產業可謂蓬勃發展。

分析過後，我決定採用「改善型策略」——補強自己的劣勢、把握機會，轉型成為觀光人。

二〇二二年十一月，我接下亞果遊艇集團侯佑霖董事長和鄭寶蓮副董的聘書，擔下亞果遊艇總經理的重責大任，決定前往任職前，我仍持續用 SWOT 分析自我評估。

繼歷練五星飯店總經理、觀光旅館同業公會理事長和縣府觀光處長後，我的優勢新增了經營管理能力與實際營運績效的經驗，產、官、學、媒資歷完整。而劣勢依舊是沒有海洋相關經驗及人脈背景。

在機會點上，隨著政府二〇一四年逐步釋放海權、二〇二〇年高喊「向海致敬」，我評估台灣藍海商機無限，產值上看兆元，因此毅然決然跨入這個自己過去毫不熟悉的產業，放手一搏，以「積極型」——善用優點順應機會，和「改善型」——改善劣勢把握機會並行的策略，繼續「產生」我的奇蹟。

一年半的階段性任務完成，我自二〇二四年五月轉任亞果遊艇集團總顧問。轉念、轉身、轉向，七彩霓虹燈轉轉轉，究竟轉到什麼顏色才華麗？我能分享的是，當上天出考題時，一定要能接收訊息、超前部署、科學思考、正確選擇、順利接招，才能在人生每個階段都有不同的奇蹟！

左：記者時期是追逐真相的日子，回想起當時的初心與熱忱
右：在亞果的日子裡迎風破浪，掌舵者的信念成就遠方的燈塔

每一場活動的熱鬧背後，都凝聚著亞果團隊的創意與努力，綻放無數美好奇蹟

Chapter 4

媒體人唯一五星飯店總經理

昨日早成定數，明天猶在未知，當下才能演繹命運根基。繁華總如夢，忘卻「女王的眼淚」而留下愛、善意與溫暖，透過時間長河的洗鍊考驗，按部就班成就堅強勇敢的自己。

承擔大任之前，我總甘願忍受千錘百鍊，聆聽內心聲音而打開知覺天線，「腳下站的地方，就是夢想的舞台」，宛如追求榮譽的棒球選手，哐的一聲擊出一棒，你能掌控的只有奮力一擊、用力把球打出去，至於會是全壘打、安打還是被刺殺、高飛接殺？操之在他和祂，有時他會有驚人之作精彩接球，但有時他也會失誤連連意外送分；有時祂會順風助你悄悄把球吹出全壘打牆，有時祂也會逆風阻你把球擋在場內。但若你連球都打不到，一切皆屬枉然。

Nike 經典 Slogan「Just Do It」，做，就對了，是我始終奉行不渝的上位基礎理論。千里之行始於足下，就算暫時迷航，只要你用心走、順著羅盤方向走、堅持走下去，雖然繞了遠路，但絕對不會是冤枉路，因為沿途風光盡收眼底，在在是人生珍貴的歷程。

也許你因為種種非戰之罪，無法抵達原本設定的目的地；但誰說你不會如哥倫布般發現新大陸？人生劇本千百種，然而，一切奇蹟的可能都必須始於你跨出的這一步。

不同階段有不同的責任，所有際遇，當時可能茫然失所，無法解釋，如今回首過往，冥冥之中都含定數，督促、指引著我走上奇蹟旅程。頭角崢嶸的媒體圈、競爭激烈的公關界，還有百家爭鳴的觀光業，這三大領域都不曾為我預留實習時間，報到就上陣，上陣就衝鋒，衝鋒就戰鼓頻催，很多時候我都是邊看邊學、臨陣磨槍、邊犯錯邊調整（Trial and Error），但幸運的是，每當我煩惱什麼的時候，總會在不經意處遇到貴人或找到答案。

記得離開東森購物後的我，原本自信滿滿以為一定可以很快找到好工作，沒想到這一等就等了四年，二〇〇八～二〇一一年是我人生職場最低潮，四年換了八個工作，連我媽都搞不清楚我在哪裡上班。說實話，那時候因為不如意、不順遂，我總愛怨天尤人，抱怨自己懷才不遇，嫉妒別人天生好命，因心情低落，原本愛美的我一度素顏出門，蓬頭垢面不修邊幅，完全不懂原來負面只會帶來更負面。直到有天一位長輩好友真的看不下去了，語重心長點醒我，他說：人生起起伏伏高高低低很正常，妳這樣每日行屍走肉、混沌度日，不但浪費自己的時間和天賦，也讓關心妳的人很難過，親者痛、仇者快，妳應該趕緊調整自己的心態和腳步，蹲低才能跳更高，重要的是在蹲低的時候有沒有勤練功，馬步紮穩、腳步踩緊，機會來的時候才能順勢上位。還好我這人最大優點就是聽得進別人的忠言逆耳。改變自己後，一切猶如倒吃甘蔗般由苦轉甜。上天出的考題，這回，我又通過了。此時，一通關鍵電話響起，我回鍋追隨舊長官——時任正崴集團崴嘉科技的李傳偉總經理，撥亂反正，回到職場正軌。

二〇一一年底崴嘉科技階段性任務完成，上天又出考題，此時的我該去該留？何去何從？了解自己個性不喜歡麻煩別人，又太重情義，不願「帶槍投靠」而得罪前東家，所以我能選擇的並不多，扣除一直幫助我的長官長輩以及曾做過的產業，幾經思考，我決定再次上1111人力銀行打開履歷找工作。當時有人告訴我，妳不能再用履歷找工作，要用人脈找工作，但我認為自己當時累積的還不夠，不能眼高手低，一步一腳印比較扎實。

當時，中信飯店更名雲朗觀光集團不久，旗下新品牌君品酒店正在招募公關經理，我主動投遞履歷獲得面試機會。運用 SWOT 自我分析，我認為沒有觀光相關背景及經驗人脈的我勝出機會不大，因此特別下工夫在面試前收集資料，整理出一份君品酒店 SWOT 分析，並裝訂成冊。裡面除展現我對君品酒店的了解外，更說明若我有幸爭取到這個職務，計畫如何發揮所長，讓新開幕的君品酒店知名度更上層樓。我以學無止境的精神，將想像力化為強大的入門鑰匙，開啟渴望，也打造真實。想當然耳，這番準備工作通過主考官認證，引我順利進入觀光產業。可能是我這次高分通過上天的考驗吧，原本應徵的君品酒店公關經理一職竟意外被拉升成為總公司雲朗觀光集團公關協理。現在回頭看自己的際遇，覺得能有這樣的奇蹟產生，關鍵應該在於我重義守信。因為在接獲錄取通知前，我才剛承諾全民大劇團謝董事長前往幫忙，基於誠信，我只好忍痛婉拒雲朗觀光的聘書。

進入完全不熟悉的文創產業短短兩週，我持續用拚命三娘個性，完成了「瘋狂電視台」北京公演媒體宣傳、台北一〇一大樓頂鮮景觀餐廳「瘋狂電視台」慶功宴及「瘋狂有限公司」公演開幕等三大活動。既然答應了，就全力以赴做到極致。

記得辦完活動後，因為對觀光產業還是有強大興趣，懷抱著渺茫希望，我重新寫信給現任城市商旅總經理、時任雲朗觀光集團行銷處長李慧珊，她是當時我的主考官，沒想到立刻獲得回應，連續通過人資長馬效光總監、曾桂蘭資深副總和張安平執行長的三關面試後，順利進入雲朗觀光集團。但因為原本君品酒店公關經理和雲朗觀光集團公關經理的職缺已在兩週前被補齊，機緣巧合，我在此時重新遞履歷竟意外從經理跳升協理。別人可能花好幾年才有的機會，我卻陰錯陽差，兩週就「被迫」升官，不可不謂奇蹟，也印證「善有善報」、善的循環天理。

雲朗觀光時期，是我人生公關行銷、企業管理、領導統御集大成的融合期，我常說，位置越高，做人比做事重要，當時我受困於人際關係處理，沒想到有一次在網路找資料時竟意外發現「溝通神祕密碼」，讀完，立刻豁然開朗，並常在演講中大方分享。

溝通神祕密碼來自加州大學洛杉磯分校（U.C.L.A）心理學教授亞伯特．梅拉賓（Albert Mehrabian）提出的「五十五／三十八／七定律」。亞伯特教授認為，影響溝通成功與否的因素中，僅有七％是訊息內容本身，另外三十八％是聲音與聲調，而占比高達五十五％的竟然是與內容無直接關係的非語言訊息，許多人將之解讀為「視覺」。

「Where is Beef?」牛肉在哪裡固然重要，但受溝通神祕密碼啟發，我開始訓練聲音語調，並學習美感品味、化妝造型、姿勢心理學、顏色學、社交禮儀等，就這樣，我慢慢成為大家口中所謂的「溝通高手」，很多複雜且困擾的「做人」難題也因此迎刃而解，化路人為貴人、化危機為轉機、化逆境為順境、化平庸為奇蹟！

不斷超越自我和他人，創造奇蹟，要憑強大實力；就像溝通神祕密碼中，那關鍵的七％，仍是扎扎實實的邏輯內容。所以不論在哪個職務，我總是全力以赴，有種「春蠶到死絲方盡」的感覺，但我絕不是亂吐絲的蠶寶寶，依循著「有方有法、築夢踏實」理念，我吐絲的同時已經把絲捲成蠶繭，並產出為高檔的蠶絲成品。然而，一隻蠶吐絲到吐血，可能都還成就不了一條蠶絲被；如同一個人走得快、一群人走得遠，想成就奇蹟常常需要他人的協助和團隊的力量，秉持永遠將「利他」放在「利己」前的信念，貴人和團隊助我達陣無數次，也向世人證明，我並非只是打扮時尚亮麗、能言善道的文官；也是可以在現場指揮調度、攻城掠地的武將。

轉換跑道，因為不熟悉新環境必然心慌，「只要認真注視黑暗，也就不再黑暗了，環境如此，人生亦同。」大師名言，引導我走向夢幻的文武雙全，從雲朗起步，探索觀光產業無限可能，揮灑不離初心的實踐，自創曲折多變的路徑，佐以井然有序的步調。

雲品溫泉酒店副總一職是我人生第一次當「小三」，因為從小習慣當老大的我從沒當過老二，更別說老三了，但當時在我之上除了雲品總經理，還有一位掌實權的大副總，好不容易經過三年爭取，才有下放現場機會的我，心情十分忐忑不安。沒想到四月一日才剛報到，短短十天就接獲大副總請辭的震撼消息，莫名其妙，上天助我從小三變成了唯一副總，只是沒有戰功戰績，我還沒辦法贏得所有人認同，大家仍存有「唐玉書行不行？」的懷疑。因為這樣的懷疑，我剛到職時並非全館副總，僅僅只管理行銷、公關、活動三個部門，直到三個月後，我提出具體績效證明 KPI 達標，並毛遂自薦，行有餘力願意擔下重任，帶領當時數月找不到主管的餐飲部。長官們聽到我的自動請纓，仍觀望了三個月，不予答覆。這段期間我並沒有放棄，只要有空檔就主動到餐飲部幫忙，除求了解現場，更重要的是創造跟餐飲部同仁的互動機會，下班後也認真研讀餐飲管理相關書籍和雜誌，並時常請益飯店餐飲前輩的寶貴經驗。當我把自己都準備好了，機會來敲門，我終於從一個門外漢正式接管占業績一半的雲品餐飲部，七個月內除調整期，其餘每月都達標，因此在我擔任雲品副總一年兩個月後的某一天，一通關鍵電話再度響起，盛治仁總經理來電詢問，是否有意願接任花蓮翰品酒店總經理，就這樣開啟了我三年的花蓮故事。

才剛接過印信，第一段婚姻恰巧出現棘手問題，但，好勝的我不能表露絲毫異樣。

白天要想辦法帶領團隊突破業績困境，在公領域衝鋒陷陣；晚上要想辦法安撫情緒看破婚姻困境，在私領域守護失地，即使壓力爆表也要勇敢迎向每一天，哀傷中猶帶著微笑。因為歷經低谷翻身的我深信，正向的心理素質終會被全宇宙知曉而疼惜，助我前行，再創奇蹟。雲朗觀光時期，我於八年內調整四個職位，創下公司內部一年內從協理升處長，以及短短一年兩個月，再從五星飯店副總升任五星飯店總經理的雙紀錄。到目前為止，我仍是唯一一個沒有相關背景卻做到知名五星飯店總經理的媒體人。

職場詭譎，也常令我迷惘，明明是促膝知交，怎麼一夕之間變成遙不可及；明明溫層迴異，卻在需要著力的時候，對方默默伸出友誼之手。說來，也是「物極必反、否極泰來」的萬物定律，所以，我要啟動海明威思維，可以被生活打擊，但不能被打倒，「告訴自己，我做得到！」

右：在雲品的歲月裡，學會退一步與溝通的智慧，成就他人也成全自己
下：擔任觀光局關鍵人才培訓計畫副團長，見證一群人用熱情與專業點燃觀光熱度

帶人更要帶心，與夥伴們攜手同行，才更能場場超越自我

Chapter 5

藍天碧海的奇航

從台北到花蓮再轉戰台南，我繞著全島奉獻所學。當季節由冬轉春的氣息緩緩降臨，我打開記憶的覺知，想起過往許多神奇的際遇與力量，正當我期待「成為更好的自己」之時，必然回應我的呼求。

細膩又敏感的我，總能感受命運撥弄的弦外之音，理直氣壯地接住：「好的，我準備好了。」

進入亞果遊艇集團，是由我的第一本書《誰說我的狼性，不能帶點娘?!》牽的線，牽引出一條心想事成的長線。二〇二二年，亞果遊艇集團侯佑霖董事長和鄭寶蓮副董看過書後，了解我是使命必達的職場鋼鐵人，凡事非做到極致不可，因此邀約我擔任亞果遊艇總經理。

一片沙漠的集團第二期工程正如火如荼等待總經理率領專業團隊趕工，我上任就直接進入工地，造型是「安全帽」配布鞋，繁複的公事讓我留在台南「有家歸不得」。工作爆量，新領域諸多密碼待我破解，公司業務和工程都是陌生的，我這新手必須日以繼夜投入學習。

二〇二四年，亞果遊艇成立十週年，台南安平遊艇城內的建設也獲重大進展，全新遊艇會會員俱樂部「黃金會所」，選定在二月二日這個良辰吉時盛大舉辦開幕典禮。這會所傲視群倫，斥資逾四億，樓高四層，室內面積一二〇〇坪，建築外觀如同一艘行駛入港的豪華遊艇，以大海、遊艇、鯨魚，與象徵幸運的魚尾，融入海洋環保材料砂岩、漂流木，充分展現品牌與海洋的連結，創造眾所矚目的亮點，彰顯集團的標竿價值。

若有神助，我的好運氣再度發功。正為開幕秀的 Opening 想破頭時，朋友邀我觀賞全球知名十鼓打擊樂團公演，當下就被「打」到，別說十鼓的表演有多震撼，光是巧合的「十」就已經勝出。「十」不僅是創辦人謝十老師的大名，更代表手握的鼓槌，也剛好可以代表亞果遊艇歷經十年淬鍊的成果，我想若能與十鼓打擊樂團合作，推出獨一無二的豪華遊艇海上開場秀，必定震撼全台南。很開心這個想法得到謝十老師的支持，就這樣我們共同寫下這個奇蹟。

記者會這天，鼓隊在緩緩駛入活動碼頭的遊艇上賣力演出，撼天動地的鼓聲由遠而近，隆重盛大地拉開全台第一家，也是唯一與國際接軌、最豪華的「亞果黃金會所」正式啟用的序幕。

知名的台鋼啦啦隊嗨翻現場之外，愛樂交響樂團教練級首席小提琴大師李商宇、塔羅專家安平平安施伯鋒，和擁有世界獨一無二彩繪技法與顏料專利的亞洲色彩創辦人周育瑾團隊更錦上添花，共同打造絢爛多彩，視覺與心靈都有世紀性豐收的盛會。

回想一切，都是「當你真心誠意想要完成一件事，全世界都會來幫助你」的最佳寫照。搞定記者會開幕震撼表演後，我繼續為記者會 Ending 的亮點傷腦筋。就在挖空心思遍尋不著創意時，因拉電工程跟著公司放假半日的我，偷閒在應該上班的時間得以悠閒看電視。原本只是拿著搖控器漫無目標地東轉西轉。突然，目光被定在電影頻道某部舊電影的一幕，劇中餐廳主人在跨年倒數計時完那一刻，將許多綁著巧克力的小小降落傘從二樓撒向一樓客人，引發驚喜連連。

像被雷打到，我立刻躍身而起，趕緊拿起手機網購類似商品，挑中一款售價十六元的小兵降落傘，我一次就下單一〇〇個，雖然不確定能不能派上用場，但想想成本不高，就算到時候用不著，也不算浪費。過年前網購貨運業相當忙碌，我每天都祈禱小兵一定要來得及在預定開幕日前到貨，要不然再好的點子也是枉然。

所幸天助自助者，一切都進行得十分順利。我讓同事們在挑高的二樓等待，當我致詞講到關鍵句：「亞果黃金會所的落成證明了，只要我們張開雙手迎向天空，你將可以接住所有的夢想和幸運！」此時，一〇〇個綁著糖果的小傘從天而降，台下眾人紛紛仰起頭，眼睛閃閃發光，伸手接夢，也為當天開幕式做了最令人難忘的 Good Ending，不少與會嘉賓都在個人臉書記錄這段驚喜。

奇蹟產生器啟動，讓我巧合追到一部浪漫老電影，取其創意，完成空前的轟動，個人紀錄又多添一筆，提醒我隨時打開共感的五官，吸納各方的神奇暗示。

開幕典禮圓滿完成，離我辭職日只剩不到一個月。做人處事本該有始有終，就算在任的尾端，我也如常敬業樂群，繳出最高規格的成績單，甚至比往常更賣力趕進度，以至於，老闆幾乎忘記我半年前就提出的辭呈。亞果任職兩年，我個人職涯邁入學無止境的新境界，和藍海為伍拉高了視野，那「天降小傘」的壯觀，永遠迴盪在我感恩的心田中，也可說是我在亞果總經理任內 Good Ending 的代表作。

接受、改變與道別是就業三部曲，不能改變就接受，接受不了就道別，如果稍稍事與願違，那也一定是老天有另外安排，往後將出現轉機。不要提前擔心未發生的事，也不要為已發生的事後悔，專注眼前而抬頭挺胸、勇敢向前。

奇蹟其實是很個人化的，「巨星」在浩瀚星河中微乎其微，多數人只能閃出微光，偶爾出現在生命旅程中，甚至稍縱即逝。

但，微光就閃得沒意義嗎？不，微光才是照亮大地的集體希望。《洛克菲勒寫給兒子的三十八封信》中說：「每個人都有求勝之心，而最後贏得勝利的人，都是那些有決心且做好準備的人。」失敗和成功的距離並不是像傳說那樣只在一念之間，而是取決於誰的企圖心更強烈，誰的行動力更具體，誰能因應新時代，打通潮流與傳統的瓶頸，凡事盡其所能、盡其在我。誰具備這樣的正面能量，誰就能不斷自我超越、產生奇蹟。

求知若渴，求勝若渴，求財若渴，沒有若渴的企圖心是無法創造奇蹟的！

左：人生的第一堂航海課啟航，在藍天與海浪間築夢
上：在亞果遊艇前展現堅毅，隨時準備好啟動奇蹟
下：在遊艇搖曳的甲板上，由中華競技啦啦隊演繹出驚艷熱情的力與美

亞果黃金會所開幕奇蹟是由團隊共同創造

不斷創新挑戰自我！上任亞果總經理後，首度在遊艇上舉辦海上共識營

天降傘兵的開幕驚喜為活動增色，這是透過打開五感才成就的奇蹟降臨

Chapter 6

所有的際遇，都有跡可循

十大金律前導

「難以置信」這四個字，應該或多或少震撼過每個人的生命，「所有的事物都有源頭，問題是如何喚起靈性。」諾貝爾文學獎得主馬奎斯（Gabriel García Márquez）在《百年孤寂》這樣描述。當靈性爆棚，就是奇蹟來臨，改寫世間走一遭的步伐。

人人都想成為「奇蹟產生器」，在這裡我依過去個人經歷提出十大金律。

常有人說「每一種發生都是最好的發生。」這也意味著，不只要為好事欣喜，即使挫折，也是為好事做的前導，隨後而來將有更驚喜的好事發生！「失敗為成功之母」就是這個道理。說不定要經過九九九次失敗，才換來成功舞台上的熱烈掌聲，將失敗化成「得勝有餘」。

每個人背後都有一堆有口難言的苦楚與辛酸，但無需懷憂喪志，等時機來臨，屬於自己的大運擋也擋不住。世界首富馬斯克的母親梅伊・馬斯克以為模特兒生涯走到十八歲就終止，何曾料到，七十一歲卻是這輩子最搶手的黃金時刻。梅伊歷經苦難，卻因「懂得珍惜」而接住奇蹟，人生越活越幸福。她甩開所有家暴陰影，更勤奮地工作，抬頭挺胸迎來自信。她專注當下，攔截黑暗過往，切斷委屈，不知不覺走到最理想的晚年。

人必自重而後人重之，人必自省而後人省之。只可惜大多數人陷進自戀、自晦又自傲而不自覺，骨子裡，莫名堆起了因年歲才累積的多重頭銜，放進競爭核心卻又不堪一擊，想要生產奇蹟，唯有「懂得自省」一途。

加拿大暢銷作家葛拉威爾（Malcolm Gladwell）著作《異數》（*Outliers*）中，提出「一萬小時法則」（10000-hour rule），也就是要讓某項技能達到登峰造極的程度，人們必須要練習一萬小時。他說：「一萬小時是成就偉大的神奇數字。」美國科學家研究，一個行為重複二十一次，會形成習慣，而一個習慣的養成，至少應重複二十一天。

希臘哲學家亞里斯多德說：「讓你卓越的不是行為，而是習慣。」

從平凡到超凡的神祕數字是一〇〇〇〇，因此讓你產生奇蹟的金律之一絕對是「懂得堅持」。從洗碗工到身價破兆的科技富豪，華人首富黃仁勳擁有的核心信念或許可以借鏡。他說，「每天都發自內心地檢視目標，竭盡全力和持之以恆地去追求它！」堅持就是輝達的成功故事。

「絕地逢生」並非貼在牆上的激勵標語，而是實踐後的領悟。情關總是難越，尤其陷入感情糾葛，明知不可為卻仍緊緊抓住那條斷裂的繩索，等一旦想開了，放下執念，奇蹟接二連三產生。「懂得放下」，給自己一次可以喘息、等候產生奇蹟的機會。

月有陰陽圓缺，人有旦夕禍福，千古以來，從來也沒有絕對的完美。也因此，與其做自己喜歡的事，不如喜歡自己做的事，這就是成熟。前者是自由，後者是包容。如果真的做不來，努力過則無遺憾，不用太責怪自己。唯有「懂得不完美」，奇蹟才會循著自信氣場而逐步靠近。

懵懂時期，所見所知與所望區別不大，孩童的純真世界，歡喜或悲傷不脫既定範疇。等一天天長大，少年維特、少女美蘭等等開始浮遊於世，也因此，奇蹟的要素之一是「懂得不一樣」。成人的世界多無奈，鴨子定律這樣說：「每個輕鬆的笑容背後，都是一個咬緊牙關的靈魂。」如同鴨子划水，看起來悠遊自在，實際上兩隻蹼卻在水面下拚命的打水。成功光鮮中，其實埋藏想像不到的辛酸。外表上的淡定和自在，並非真貌，如同白天不懂夜的黑。該怎麼突破？照作家莫言的說法，檢視自身價值，若具有實力，一切關係都順暢無阻。

十一月中旬，我去聽由學長姐組成的台大合唱團，奮力高唱布拉姆斯《命運之歌》和貝多芬《合唱幻想曲》，團員們感情緊密相連，全身心投進了布拉姆斯的世界，能量充滿整個音樂廳。合唱與合作意義相同，跟好朋友一起唱歌，唱出心境、撞擊火花，最後的高低音和諧，來自於練習，產生了知音與共鳴。

當今職場，再也不可能靠單打獨鬥致勝，關係的穩固，情感的持續，需要不間斷地分享、呵護，佐以讚賞和付出。我體認到，將另外一個人的安寧、成長和幸福放在首位，一切都是值得的！因為這是通往幸福的大門。如果沒有這樣一種愉悅關係，還有什麼能讓我們走出自己、發揮潛能而迎接奇蹟呢？所以，奇蹟也源自「懂得分享」。

《甄嬛傳》描述的歷史名后甄嬛，在正史中的原型是孝聖憲皇后鈕祜祿氏，其前半生受盡人情冷暖，像是隱形人；下半生卻母憑子貴得以盡享榮華，關鍵在於「懂得面對」，正視自己的順境、困境、優勢、劣勢，等待機會、把握機會。人一生至少有一次翻轉的機會，隨時把自己準備好。例如十三歲剛進宮的鈕祜祿氏只是一個低階侍妾，但待雍正染上傳染病，大家都不敢接近時，她反而自告奮勇，盡心盡力照顧雍正兩個月，終於順利贏得雍正好感，有了生下龍子的機會。既然長期不受雍正寵愛，便將心思全放在教育兒子上，致使年紀小小的弘曆聰明伶俐，深得爺爺康熙的賞識，最終登上龍椅，鈕祜祿氏也熬出了頭，成為清朝最長壽且權力最大的皇太后。

「得到別人的信任與得到別人的愛相比，前者是一種更大的幸福。」文學家麥克唐納（George Macdonald）教會我，想要建立牢固的人際關係，不僅需要內在的安全感、富足的心態，以及個人的道德權威作為人格基礎，還要發展至關重要的人際關係溝通技巧。

進入職場二十五年，從記者到公關，再到集團總經理，我總期許自己要有給別人信任、愛和幸福的能力，而且是「懂得心甘情願」的付出。所以遇到衝突我願意先退讓、遇到任務我願意先去扛，心甘情願地為對方著想，唯有發揮人性將一切變得感性，才能讓對方也願意心甘情願回報，成為彼此的貴人。

扶輪社社歌：「感謝天 感謝地 感謝大家……」，這就是成功人士「懂得心存感恩」的最佳案例。感謝孕育萬物的天地、感謝生養我們的父母。感謝是三六〇度的，當你得到榮譽而上台致詞時，除了感謝長官的提拔、厚愛，可別忘了將自己扶上高峰、烘托光環的是基層貼身團隊，還有諸多平行單位的跨部門支持，以及那些願意提供寶貴意見的軍師們。如果你得到的是金馬獎等大獎，通常還會感謝爸爸媽媽、老公老婆、恩師益友等，感謝引發感謝、善念引發善念，奇蹟自然也會帶領奇蹟！

武俠小說中，真正的大俠都是無招勝有招，所以奇蹟產生器的十大金律，看完就忘了它吧！因為也許融會貫通後的你，會有屬於自己的奇蹟方程式?!

奇蹟十大金律

1. 懂得珍惜
2. 懂得自省
3. 懂得堅持
4. 懂得放下
5. 懂得不完美
6. 懂得不一樣

7. 懂得面對

8. 懂得心甘情願

9. 懂得心存感恩

10. 懂得分享

在大稻埕扶輪社的歲月裡，與夥伴相互扶持激勵

百華百城扶輪社相聚，不只是一次例會，更是成功人士經驗交流的珍貴體驗

Chapter 7

奇蹟產生器的十大金律

1. 懂得珍惜

記得小時候吃飯，媽媽總會不厭其煩地說，一粒米二十四滴汗，叮嚼我連一粒米飯都不可以浪費，要懂得珍惜。在我們那個年代，經濟剛起步、物資缺乏，對什麼都很珍惜：一雙鞋穿到開口笑，用強力膠黏了又黏還是捨不得丟；一套沙發坐到皮質脫落、凹凸不平，套上椅套繼續坐它千百回……，這樣的案例不勝枚舉。為什麼我要特別解釋我們那個時代的背景，先讓我分享一個猶太故事。

有一天，有人問一位老先生，太陽和月亮哪個比較重要？那位老先生想了半天，回答道：「是月亮，月亮比較重要。」

問他為什麼？「因為月亮是在夜晚發光，那是我們最需要光亮的時候，而白天已經夠亮了，太陽卻在那時候照耀。」老先生說。

發現了嗎？因為在黑暗中月亮發揮了大作用，所以被人珍惜；因為窮困所以特別懂得珍惜物資。反觀現代人，因為豐衣足食，很多人把一切視為理所當然，認為爸媽就是應該無條件擔任金主、認為吃到飽就是可以浪費食物……

「珍」在字義上指的是貴重、重視；「惜」則是由心和昔組成，我想「珍惜」兩個字結合在一起，應該指的是「莫忘初衷」、處得意日莫忘失意時，而且要「重視」自己所擁有的一切。

當我們抱怨雙親為何無法讓自己成為富二代時，想想父母把我們生得好手好腳頭好壯壯、讓我們衣食無缺有個遮風避雨的家，已經是件多麼值得被「珍惜」的事情？在黑暗中才看得到皎潔的明月，千萬不要等我們失去了才後悔。當然猶太故事也讓我從另一方面有了一個醒悟並身體力行，那就是世人皆愛錦上添花，殊不知雪中送炭之珍貴，除了養成懂得珍惜的心以外，想要加倍累積「人脈存摺」，讓別人「珍惜」你的情誼，雪中送炭也是一個好的選項。

「人走茶涼」是現實卻常見的人生百態，得勢時門庭若市、失勢時門可羅雀，但你可曾想過，因為想趨炎附勢擠著去錦上添花時，巴著對方的人成千上萬，對方看得到自己嗎？還是，不論對方尊卑榮辱，持續在對方需要協助、支持時雪中送炭，長期培養情誼，更能讓人永誌銘心？曾經我在一個朋友位居要職時去參加他母親的告別式，現場政商雲集，輪到我公祭時已兩個小時過後，他根本不記得我有到現場鞠躬，而且是從開始等到禮成；數年後，朋友屆齡退休，父親也去世了，告別式上我依舊全程參與，公祭才一開始我即上前鞠躬致意，朋友一眼就看到我了，此後對我的重視和情誼自然不可同日而語。人生起伏變化莫測，你怎麼知道對方不會有再飛黃騰達的一天，「懂得珍惜」——莫忘初衷、重視所有，絕對會讓自己的人脈存摺和內心更富有！

2. 懂得自省

山上有二間和尚廟，甲廟的和尚經常吵架，互相敵視，生活痛苦；乙廟的和尚卻一團和氣，個個笑容滿面，生活快樂。

於是，甲廟的住持便好奇地前來請教乙廟的小和尚：「你們為什麼能讓廟裡永遠保持愉快的氣氛呢？」

小和尚回答：「因為我們常做錯事。」

甲廟住持正感疑惑時，忽見一名和尚匆匆由外歸來，走進大廳時不慎滑了一跤，正在拖地的和尚立刻跑了過去，扶起他說：「都是我的錯，把地擦得太濕了！」

站在大門口的和尚，也跟著進來懊惱的說：「都是我的錯，沒告訴你大廳正在擦地。」

被扶起的和尚則愧疚自責的說：「不！不！是我的錯，都怪我自己太不小心了！」

前來請教的甲廟住持看了這一幕，心領神會，他已經知道答案了。

我們最常不知不覺做的事情就是檢討別人、抱怨別人、怨天尤人，好像千錯萬錯就是自己沒錯，事實上，如果我們懂得反省，可能這個社會的錯事會減少很多；如果我們懂得反省，可能身邊的各種錯誤關係會和諧很多。

記得一位朋友前來拜訪，我請秘書協調並安排碰面時間，結果有天我接到朋友急忙來電，語氣有點不善，表示他們已在辦公室門口，卻被秘書通知總經理已外出，朋友以為我故意耍大牌，十分不諒解。經致電詢問，秘書很愧疚地認錯並連聲道歉。我思考，如果當下怪罪、痛罵秘書，頂多是讓朋友笑話，也令秘書很難堪，可能會影響她後續工作情緒，於事無補。因此我決定作法如下：先回電向朋友道歉，說明是我的錯，臨時增加一個重要行程卻忘了登記；接著釋出善意請求原諒，表示時至中午，拜託他務必賞光留下用餐。在此同時，秘書已依照指令向餐廳點好餐、結完帳並準備妥伴手禮，由於補救工作完善，最後朋友原諒了我的無心之錯，多年來我們依舊維持著好交情。而對於秘書，我也一樣告訴她，是我的錯，因為自己一時疏失忘了登記行程，讓她手忙腳亂處理善後，感到十分抱歉；接著重點來了，我叮囑她，秘書的責任就是要細心幫老闆安排行程、檢查各項細節，一定要記取教訓，不能再犯同樣錯誤。很多大長官的習性是先罵了再說，因為要他們公開承認自己有錯幾乎不可能，但是我認為現代社會已不適用過去高壓統治、官大學問大的做法和觀念，自省後針對自己有錯誤的地方公開承認並勇敢改錯，不僅可以解決問題，也避免了大家面對問題或衝突時，常常指著別人鼻子、彼此責怪的窘境。

曾子曰：「吾日三省吾身；為人謀而不忠乎？與朋友交而不信乎？傳不習乎？」曾子沒遇到問題都仍堅持每天自省，督促自己持續反省求進步；更何況是經常遇到問題和衝突的我們？當我們再次用食指指著別人鼻子的時候，是不是應該先自省一下，還有四根手指向著自己，也許錯得比較多的是自己呢？先自省而後省人，至少可以展現自己高度並把傷害降至最低。

今年一直掛念在我心中的遺憾，就是自己在公開場合失言，大談闊論一位閨密的感情世界，不料隔了好幾桌的陌生人竟認識閨密，立刻繪聲繪影、加油添醋轉傳予她，導致我失去了這位閨密好友。雖然我自認並非惡意且述說事實，知情的友人也安慰我，非禮勿視、非禮勿聽、非禮勿言，是轉傳者居心叵測；又說，悠悠之口難杜，只是不會有人那樣無聊去轉傳、惹是生非而已；且他們理解我絕對不是抱持看笑話心態在說三道四，大家都是基於關心、立意良善，要我放寬心，閨密總有一天會理解。

但我就是無法省人不省己，我認為這個錯完全在自己，只要自己不說就沒事，也不會留下一個讓有心人士可以見縫插針、挑撥離間的機會。面對這次如電影劇情般的陰錯陽差，我除了勇敢向閨密認錯，也提醒自己絕不再犯。

商周集團執行長郭奕伶曾撰文區別「智者」和「愚者」：智者樂在給予，愚者只知索取；智者給人希望，愚者潑人冷水；智者關心他人，愚者只看到自己；智者傾聽，愚者聒噪；智者為人解圍，愚者為難別人；智者讓人如沐春風，愚者冷若冰霜。

你選擇當「智者」還是「愚者」？

3. 懂得堅持

淚水和汗水的化學成分相似，但前者只會換來同情；後者卻可以贏得成功。

放棄只需要一秒鐘，堅持卻要一輩子！

我並非天生就是「堅持型」的人，記得小時候常被媽媽罵：「妳總是三分鐘熱度、虎頭蛇尾，我看妳以後什麼都做不好！」但站在我的立場，並不是我不懂堅持，是有很多因素阻撓我！譬如：小二開始學鋼琴，學了四年，被老師盛讚有天賦，希望我上國中繼續學，但我決定不彈了是因為升學至上，要專心讀書才能考上好高中呀！沒辦法像二姨一樣每天早上六點準時起來聽「空中英語教室」學英文，是因為我要趕著上學呀！而且早上很冷呀！我還很想睡覺呀！沒有時間呀！……當下覺得理所當然的各種「理由」，就我現在看來只是「藉口」。

在我四十歲以前，資訊不像現代這樣發達，也沒有「人生導師」有系統地教授做人處事致勝訣竅；或者年輕氣盛的我也根本聽不進去，一直不懂堅持的重要性，工作才十年大概就換了十幾間公司，老媽常叨念我一年換二十四個老闆沒定性，還老古板地說「戲棚下站久就是妳的！」不斷要我「堅持」……她講她的，我心裡送她三個字：別管我！

剛滿四十歲的某一天，因為跟朋友打賭開始晨起跑步，一個起心動念竟教會了我「懂得堅持」。現在回想起來，對於當時朝九晚五、每晚應酬拚升遷的我來說，堅持每天早上六點起床跑步，然後回家盥洗再出門趕上班，是一件多麼困難的事情呀！剛開始，我常給自己找正當「理由」：今天下雨，明天再跑吧！昨天熬夜趕報表、企劃案，明天再跑吧！在每天的「堅持」VS.「放棄」中，我掙扎了好久，最終「堅持」勝出！現在，每天跑步、運動已經成為我的生活習慣。在這段過程中，我明白了擇善固執是一個很美的信念，並發現這個世界因為有很多「懂得堅持」的「傻子」或者別人眼中的「瘋子」，才造就了這樣多的「奇蹟」！

在我下定決心趕工完成這本書的隔幾天，受東南旅行社李副董賢伉儷邀約去看企業包場電影《台灣超人》，看完深受感動，曲全立導演三十五歲被診斷出有腦瘤，不開刀只有六個月壽命、開刀存活率只有五十%，也許是他有未完成的志業，憑著超強信念，在積極治療下他奇蹟式存活，儘管有半聾半盲的後遺症，他卻堅持完成記錄台灣一〇〇個超越自我的故事，要讓這些個案串聯成能引發正面漣漪的影響力。我心想，這不就和我這本書想要跟大家分享的「奇蹟產生器」不謀而合嗎？也許這些台灣超人覺得自己沒做什麼，但是他們肯定做對了什麼，才能夠主導自己的命運、創造屬於自己的奇蹟！

也許你還記得某年中秋節網路瘋傳的應景月亮圖，那是一位任教小學的義大利女子瑪賽拉（Marcella Pace）的作品，她因為非常熱愛天文自然現象，默默捕捉了十年月亮升起或落下時的滿月照片，最後她挑出顏色最豐富的四十八張滿月照，按照顏色漸層排列成圓圈，並將照片分享在IG上，沒想到竟被美國 NASA 挑選分享，讓她一夕之間爆紅全球，為「堅持」寫下最好的註解。

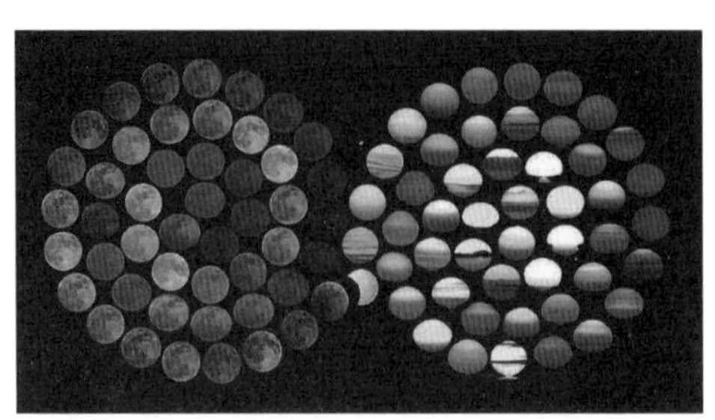

瑪賽拉（Marcella Pace）花費十年堅持拼成的月亮圖

「當你真心誠意想要完成一件事情的時候，全世界都會來幫助你！」但前提是：你要夠努力，努力到某個程度，奇蹟自然發生了！如果你完成了九成以上的任務，那麼任何人都可以輕而易舉地助你成功；反之，你什麼都不做的話，神仙也救不了你。

4. 懂得放下

寫這本書時，我內心的小劇場常常進行著自我思辨，到底是要「堅持」？還是要「放下」？真的讓人傻傻分不清楚。不是我自相矛盾，我想提出的是，必須訓練自己有足夠智慧，判斷如何在「適當」時機，選擇「適當」的態度和做法，所以「堅持」與「放下」是可以同時並存的。就像在家穿上睡衣很舒服，但穿著睡衣出門就不太恰當；又或者可以舉年輕人喜歡的打怪做比喻，面對不同大魔王，必須派出不同應戰者、善用適當的技能，才能提升成功機率。

一字曰之心，能禁錮和限制自己的永遠是自己的心，如果能放下很多「虛」的人、事、物，你會發現世界變得更寬廣和自由！對很多人來說，官階、勳章、制服可能是最重要的榮耀，絕不允許外人觸碰，但我父親從軍時，卻因「放下」這些「虛」而死裡逃生。抗戰期間某一日，廚房一個小兵跟我父親說，能否跟他換穿軍服，因為他很想體驗一下穿上官服的感覺，父親大方同意了，沒想到當天稍晚，制服都還來不及換回，他們全連就被攻破，所有軍官當場被擊斃，我父親卻機緣巧合躲過死神劫難。這是一個歷史悲劇，但教會我要懂得放下。

一個小學老師在偏遠鄉里教書，這天，她問班上小朋友：「你們大家有沒有討厭的人啊？」小朋友們想了想，有的未作聲、有的則猛力地點點頭。

老師接著便發給每人一個袋子，說：「我們來玩一個遊戲。現在大家想想看，過去這一週，曾有哪些人得罪過你？他到底做了怎麼樣可惡的事？想到後，就利用放學時間到河邊去找一塊石頭，把他的名字用小紙條貼在石頭上，如果他實在很過分，你就找一塊大一點的石頭；如果他的錯是小錯，你就找一塊小一點的石頭，每天把戰利品用袋子裝到學校來給老師看哦！」學生們感到非常有趣且新鮮，放學後，每個人都搶著到河邊去找石頭。

第二天一早，大家都把裝著石頭的袋子帶到學校來，興高采烈地討論著。一天過去了、兩天過去了、三天過去了……，有人的袋子越裝越大，幾乎成了負擔。終於，某位同學提出抗議：「老師，好累喔！」老師笑了笑沒說話，立刻又有人接著喊：「對啊！每天背著這些石頭來上課，好累喔！」

這時，老師終於開口了，笑著說：「那就放下這些代表著別人過錯的石頭吧！」

孩子們有些訝異，老師又接著講：「學習寬恕別人的過錯，不要把它當寶一樣的記在心上、扛在肩上，時間久了，任誰也受不了……」

這個星期，這班的同學上到了人生中極寶貴的一課。袋裡裝入越多、越大的石頭，心中存留越多、越深的仇恨，所造成的負擔就越重；一旦選擇放下袋子，寬恕原諒別人的錯，不論心理或身體都輕鬆了！

隨著年紀增長，我最常放在嘴邊的話是，不要為別人犯的錯而懲罰自己或怨懟、怪罪、遷怒身邊最親近的人，真的不值得！因為辛苦扛著這一大袋怨恨和傷害石頭的人是自己；加害者把石頭留給你之後根本不痛不癢，歌照唱、舞照跳，此時「懂得放下」就是很重要的超能力，放下別人的過錯，其實也等於放過自己！「寬恕人的過失，便是自己的榮耀。」我在人生很多痛苦時刻，不論是在職場上、情感上或人際關係上，都是靠著「懂得放下」翻轉人生，蹲低然後等待機會跳得更高！

最近勞動部職場霸凌事件鬧得沸沸揚揚，令人感到十分惋惜，我不禁在想，如果我這本書能夠幫助更多人在某些重要時刻轉念，或者讓某些善的種子慢慢發芽，也許可以避免很多遺憾產生；如果這本書能夠發揮一點點善的力量，也許……也許大家感到無奈且無力的現代社會，也會有「奇蹟」產生?!

「如果你不能改變風向，那就調整你的帆。」（馬克．吐溫）

我學長、台新銀行文化藝術基金會董事長鄭家鐘曾說過的一段話：「我們每個人最常做的事情就是，關心自己、改變別人；但如果我們可以翻轉思維成關心別人、改變自己，社會將變得更美好！」真的太有道理了，世界不會改變、自私的人不會無緣無故變善良、愚蠢的人不會一夕之間變聰明，只要轉念自己的思維、努力改變自己、充實自己、提升自己的格局和高度，讓自己成為更好的人，但永遠維持一顆關心別人的心，我想人人如此，離大同世界將不遠矣！

放下＝放空?!

師父問：如果你要燒壺開水，生火到一半時發現柴不夠，你該怎麼辦？有的弟子說趕快去找、有的說去借、有的說去買。師父說：為什麼不把壺裡的水倒掉一些呢？世事總不能萬般如意，有捨才有得。

當玻璃杯中裝滿牛奶時，人們說：這是牛奶；當裝滿油時，人們又說：這是油。只有杯子空時，人們才看到杯子。同樣的，當我們心中裝滿學問、財富、權勢、成就和偏見的時候，就不是自己了；往往擁有了一切，卻不能擁有自己，有捨才有得、有空才有滿，放空得真我，這就是《心經》中「空」給我的啟發和頓悟，相信你也已經懂了。

5. 懂得不完美

暖心作家艾爾文《在不完美的生活裡，找到完整的自己》一書中提到：「不是因為生活變好了你才快樂，是因為你先快樂了，生活才變好。」我很認同人最錯誤的一個觀念就是，把「不完美」當成「失敗」；事實上，有誰理解「完美」的定義？按照這樣的定義又有誰是「完美」的？更何況「完美」也不見得等於「成功」，那我們何必盲目追求「完美」呢？

女性對自己的外貌總是不滿意，永遠都在追求「完美」的臉蛋和身材，我也不例外。我常自卑被笑稱哈比界名模的身高，每照鏡子就猶豫要不要去割雙眼皮，總是覺得自己笑起來大餅臉……，太多太多對於完美的迷思讓我很不快樂。記得一次聚會上，一位交情很好的異性友人當著所有賓客說：其實玉書的下盤很胖……，「月」「半」組合起來的這個字讓我心情很不美妙，基於面子問題我當場翻臉，也讓氣氛秒變尷尬。其實事後想想，自己未免也太小題大作，為何不能接受「完整」但「不完美」的自己呢？

更何況如前所述，到底什麼叫做完美？如果完勝是完全勝利，那麼完美應該是完全美麗，但，美該如何定義？像非洲巴東族又被稱做長頸族，因為他們認為女性脖子戴上長長的銅圈才是美；衣索比亞蘇爾瑪族則認為嘴唇能裝上大圓盤才美；湯加、吉里巴斯、帛琉、茅利塔尼亞的美是胖。再以年代來看，唐代美人肯定要豐腴圓潤；時間走到了宋朝，纖細輕瘦到能在掌上跳舞才算美；現代的審美觀更是百花齊放、百家爭鳴，如花、雞姐、黃渤、館長、小甜甜、翹臀珍……各有各的美和帥，認清自己的不完美，甚至放大自己的不完美，才能展現專屬自己的「完美」！

同樣狀況延伸到角色扮演上，我也常發揮天秤座追求完美的慾望，逼自己要同時扮演好「完美」的長官、下屬、同事、女兒、太太、媽媽、姊姊、妹妹、閨密、朋友、老師、同學、學生……等各種不同角色，直到最後快發瘋前我才體悟到，完美是一件虛無飄渺的國王新衣，認清「完整」的自己、接受「不完美」的自己、找出最平衡的狀態、創造出最適合自己的姿態，也許才能化腐朽為神奇、化缺點為優點。

從心理學角度切入，其實每個人或多或少都有一些些完美主義，畢竟追求完美某部分也是驅動自己往更美好方向邁進的動力，但是過與不及都是不好的。心理學家發現長期的完美主義性格對人身心健康有很大的負面影響，包括：憂鬱沮喪（無法滿意自己的表現）、焦慮（擔心自己失敗）、憤怒（對於不能達到完美無法釋懷）、拖延（因害怕達不到標準而乾脆逃避）、強迫性行為（非得要做到完美不可）……等等，更嚴重者，甚至會出現自殺、身心疾患、飲食失調等問題。如果你發現以上狀況你全中，建議你最好尋求正式的醫療幫助；但是如果狀況並不影響日常生活和人際關係，那就做些轉念的練習吧！例如EQ大師理察・卡爾森（Richard Carlson）《別為小事抓狂》書中提供一〇〇個讓人生更美好的妙招，其中一招就是「與自己的不完美和解」。

我曾看過Top Beauty一篇網路文章提到日本的古老美學概念「侘寂」（wabi-sabi），它獨排眾議讚頌著缺陷美——任何事物的美來自它「不完美的，無常的，不完整的」，正是因為有缺陷才能顯出其獨一無二又真實的樣子。不論瓷器上的裂紋、落在地上的枯葉、凹凸不平的石頭、老舊的房子都是一種美。「侘寂」褒揚著宇宙萬物的無常，寬待因錯誤而不斷改進的行為。把「侘寂」美學發揚光大的是日本戰國時代的茶道宗師千利休，傳說他讓弟子先選擇茶碗，自己則使用最後被選剩的殘舊器具，並把它命名為「木守」，意指秋天最後一顆果實，雖然那碗殘舊不堪、不甚美觀，但千利休與它產生了一種情感連接，令碗的崩角和釉色剝落都變成一種獨特美，也奠定了「侘寂」美學的基礎和日本茶道的中心思想。

完美VS.不完美、自信VS.自卑、樂觀VS.悲觀、正面VS.負面、奇蹟VS.不奇蹟——其實都在一念之間。

6. 懂得不一樣

不一樣有兩種：一種是不得不欣然接受的「不一樣」；一種是不得不別出心裁的「不一樣」！

電影《快樂腳》（*Happy Feet*）描述生活在南極大陸冰原上的帝王企鵝都以唱歌方式求偶，歌王歌后生出的波波小企鵝卻不會唱歌，反而是個天生的踢踏舞高手。由於波波的歌聲極為難聽，從小便受到同儕相當大的排擠和歧視，被誤解、被驅趕、被霸凌，但波波從不自怨自艾、從不放棄自己，對波波來說，牠的奇蹟來自於理解自己的「不一樣」，並善用自己「不一樣」的跳舞天分，幫助族人解決魚荒問題，最後成為族裡的大英雄；而女主角——新一代歌后葛莉亞因為懂得欣賞波波的「不一樣」，也得到了真愛，與波波有情人終成眷屬。當我們沉醉在電影的 Happy Ending 時，別忘了電影告訴我們的可不僅是愛情故事，對我來說，這是見證奇蹟的一刻。

我們常常因為跟別人不一樣而自卑，總認為得跟大家有一樣的審美觀、價值觀才是對的，隱匿在人群中也許讓你很有安全感，但也因此，你會被淹沒在人群中，人云亦云、隨波逐流，到最終又悔恨自己和世人一樣平凡的一生。事實上，只有「不一樣」才會被看見，就像白紙上的那點黑最讓人一眼難忘。

但請別誤會，以為我是鼓勵大家搞怪特立獨行或自我感覺良好，其實我想說的是，認清自己的「不一樣」、接受自己的「不一樣」、挖掘自己的「不一樣」、發揚自己的

「不一樣」，才能創造「不一樣」的奇蹟！

《永不放棄》、《人生不設限》暢銷書作者以及「沒有四肢的生命」（Life Without Limbs）組織創辦人尼克．胡哲（Nick Vujicic），罹患罕見的「海豹肢症」，天生沒有四肢，但他卻戰勝自己的命運，成功打造了「奇蹟產生器」。

尼克打從娘胎出生就沒有四肢，只有臀部底下的兩個腳趾頭支撐全身，他的「不一樣」讓他從小備受嘲笑，甚至連自己親生父母也厭惡他，也許是求生本能讓他活了下來，透過日復一日的痛苦練習，他終於找到方法學會跟正常人一樣的生活技能，像刷牙、洗澡、吃飯、打電腦等。在跟大家一樣的年紀，二十一歲的他順利取得會計、財務規劃雙學位；但不一樣的是，二十三歲他被提名為澳洲年度青年楷模；二十五歲創辦 Attitude is Altitude 勵志演講公司；三十歲娶得美嬌娘育有四名健康子女。尼克沒有四肢，但已旅行五大洲，在超過二十五個國家舉辦一千五百多場演講，接受數百萬個聽眾的擁抱，他用自身經歷把希望的種子撒遍全世界，用他的「不一樣」，超越了跟大家的

「一樣」。尼克曾說：如果你發現自己不能創造世人眼中的奇蹟，那就努力讓自己變成一個奇蹟。而他，做到了！

更令人訝異的是，沒有四肢的尼克竟還是個優秀的運動員，釣魚、騎馬、游泳、高爾夫、潛水、衝浪、跳傘等樣樣來，他運用下巴和左肩夾緊特製球桿打高爾夫球；他成功自創在衝浪板上三六〇度旋轉的超高難度動作，被刊登在《衝浪》雜誌封面。長久的堅持不懈和滿滿正能量讓尼克人生不設限，他說：別人「認為」你是怎樣的人，並不能「決定」你就是那樣的人。他正是善用自己的「不一樣」創造奇蹟的最佳代言人！

在台灣，也有很多像尼克一樣勇敢的生命鬥士，用他們的「不一樣」創造「奇蹟」，例如《傻瓜與超人》一書中介紹的身障發明大王劉大潭、台灣首位身障三鐵參賽者阮錦源、逆境重生的護樹天使莊傑任……，都是生命不設限的奇蹟見證者——你身邊有這樣的奇蹟產生器嗎？歡迎跟我分享。

寫到這裡，不禁讓我回想起自己二十一歲時，也莫名其妙罹患「動靜脈畸形瘤」，右眼嚴重凸出歪斜造成複視，我記得當時休學在家，每天頭痛到睡不著，愛美的我三年不敢照鏡子，覺得自己活像怪物。起床睜開眼望向窗外，兩行清淚潸潸落下，想著過去順風順水、樂觀開朗的自己，竟然無法跟同學們一樣快樂享受研究所生活或自信進入職場，每天關在家中讓我變得憤世嫉俗、暴躁易怒、悲喜無常、自怨自艾，甚至數度萌發輕生念頭。有一天，家中又籠罩在我造成的低氣壓下，我大哥終於看不下去開口痛罵，他說：「妳知道世界上有多少人一出生就沒手沒腳、看不到聽不見，妳這樣算什麼？有必要把自己搞成這樣嗎？」

我立刻爆哭回擊：「你又不是我，你懂什麼？」忠言逆耳，雖然當下我聽不下去，但事後自我反省，我釋懷了，我接受自己的「不一樣」，走出房間，用自製眼罩輪流遮住眼睛，開始了一年單眼生活的日子。碩一下學期我復學，成為校園內被指指點點的獨眼龍；但已想開後的我不再糾結於自己的「不一樣」，這學期我成績排名全班第一。也許是我通過了上天的考驗，之後峰迴路轉，得到榮總醫院神經放射科鄧木火主任貴人相助，幸運排到當時全亞洲唯一一台的加馬刀手術，怪病終於治好了，眼睛也慢慢恢復正常。生病這三年受的生理和心理煎熬，儘管痛苦不堪，但現在回想起來，除了感恩還是感恩，如果沒有這場病，我應該還是那個自以為是、自我中心、不懂憐憫及體恤他人的自私鬼。

還有一種「不一樣」是你得別出心裁創造出來的。

我在雲朗觀光任職時，執行長張安平先生常訓勉我們「不做 Me Too」，不抄襲、不跟風，要引領市場、獨創一格，那需要多少創意和執行力呀？但張先生是對的，因為有這些「不一樣」，才讓雲朗觀光集團從二〇〇八年自中信飯店更名後，短短十年就成為國內觀光產業的模範生。為了鼓勵員工發想出更多「不一樣」，公司高層敞開心胸接受我們提出的各式創意想法，例如嫦娥奔月漢堡、白蛇青蛇粽、龍蝦吃到飽、萬聖節搞怪西點、不節食日自助餐吃到飽比賽、雲朗大富翁競賽、世界末日派對、11變22飯店單身日、飯店泳池變身獨木舟競技場……等，每個活動都是創業界之先，這些「不一樣」

讓雲朗觀光占據各大媒體版面，自然也反映在業績和品牌價值上。

也許你會說，哪有那樣多的創意？這裡提供一個我很喜歡的方法——六三五思考法（註），我經常使用此法在會議上鼓勵同仁們發想創意，最後真的激盪出很多「不一樣」的好點子，幫助我們持續領先業界。例如在亞果遊艇擔任總經理時，我帶領一級主管搭遊艇在海上舉辦團隊共識營（Team Building），讓同仁們真正感受同舟共濟的團隊核心價值，並透過創意發想，不斷思考並挑戰將陸上可以做的事情搬到海上，陸續完成了海上藝術博覽會、海上音樂會、海上街頭藝人、海上競技啦啦隊表演、海上畢業典禮、海上時裝秀、海上高爾夫球賽……等等。在商業競爭上，需要「不一樣」；在人生競賽上，同樣需要「不一樣」，在星爺電影中的爆紅角色，如十三叔、如花、豹頭、包租婆、暴牙珍、雞姐……等，不論是鶴立雞群或雞立鶴群，若不是如此特別的「不一樣」，您可會記得他們？

專櫃上的香水，九十五％都是水，但那五％的「不一樣」，讓每瓶香水的價值大不相同；人也是這樣，九十五%基本相似，差別就在那關鍵五%的「不一樣」。重要的事情再說一次：認清自己的「不一樣」、接受自己的「不一樣」、挖掘自己的「不一樣」、發揚自己的「不一樣」，才能創造「不一樣」的奇蹟！

Make myself some different; something will be different!

讓自己不一樣；將會啟動某些不一樣！

【註】六三五思考法方法步驟：

1. 參加的六個人（A～F）圍繞坐好，每人面前放有一張畫有六列三行共十八個小格的紙。
2. 主持人公布會議主題後，要求與會者對主題進行重新表述。
3. 重新表述結束後，開始計時，要求在第一個五分鐘內，每人在自己面前的紙上第一個大格（列）內寫出三個構想。

4. 第一個五分鐘結束後，每人把自己面前的紙順時針（或逆時針）傳遞給下一位參與者。

5. 按照上述方法進行第三至第六個五分鐘，共費時三十分鐘，每張紙上將會寫滿了十八個構想，六張紙共一〇八個構想。

6. 將六張卡片的每個構想（共一〇八個）剪下並整理分類，相似構想的小卡片歸類在一起。

7. 分類後再將各種組合給一個標題。

8. 最後將所有小卡片與標題貼在海報上並進行報告，可發揮團隊合作精神發想一〇八個構想。

7. 懂得面對

聖嚴法師十二字箴言：「面對它、接受它、處理它、放下它」。「面對」擺第一順位，因為沒有面對就沒有後續！

鴕鳥雖然是世界上最大的鳥類，但是牠在遇到危險時只會把頭埋入土堆裡，心理學家將這種消極的心態稱之為「鴕鳥心態」。心理學通過研究發現，現代人面對壓力大多會採取迴避態度，明知問題即將發生也不想去面對，結果只會使問題更趨複雜、更難處理。

古代神醫扁鵲發現蔡桓公身體有病，三番五次勸說蔡桓公治病，但蔡桓公卻固執地認為自己沒病，不聽扁鵲勸告，堅決不治療。結果，最後病入膏肓時再找扁鵲治病，為時已晚，不久，蔡桓公便病死了。我一位閨密參加完另一位閨密的告別式，深感乳癌的可怕，隔天便特別去醫院做過去不曾重視的乳癌檢測，沒想到真的中獎，還好發現得早，她勇敢「面對」，在臉書分享從發現罹癌，一路反覆治療到療程結束後的心情和過程，鼓勵其它有同樣遭遇和想法的人。現在她頭髮留長了，脫掉假髮，活得自信又充實。

世界知名情感與同理心專家布芮尼・布朗（Brene Brown）博士的全球暢銷著作《脆弱的力量》（*Daring Greatly: How the Courage to Be Vulnerable Transforms the Way We Live, Love, Parent, and Lead*）一書中指出：當我們因為害怕脆弱、害怕丟臉、害怕失敗而退縮時，我們已失去了參與世界的機會；同時也放棄自己得天獨厚的才能。這本書教我們，學會「面對」就很不簡單了，正面迎戰、直球對決，就算輸了，那又如何？至少努力過了，能「面對」已經贏了第一步！

我三十歲選擇進入婚姻，這段感情從開始到結束走了十七年，雖然一路吵吵鬧鬧、分分合合，但是我總不願去「面對」真正的問題和彼此越來越大的差距，我拒絕參加親朋好友的婚禮、拒絕出席所有攜伴同行的活動，我以為不去「面對」就沒有問題產生，就不會覺得自己嫁不對人，我像鴕鳥一樣把頭埋在土堆裡，安慰自己沒事沒事，過去就好了，這樣走完一輩子也可以；結果，我埋在土裡的時間越來越長，長到我都忘了土以外的世界什麼模樣？最後還是對方背叛才逼著我不得不去「面對」，有了面對才有後續的接受、處理和放下，也因為真的放下了，同樣通過上天的考驗，才讓我遇見此生珍愛，成就這段中年以後難能可貴的愛情奇蹟。

在職場上，好勝和自我感覺良好的我，一直自信滿滿，直到我數度在求職網站上乏人問津、直到我數度在職場上不被長官偏愛，我才勇敢「面對」自己並非懷才不遇，而是能力不足的問題。面對問題，發現並正視自己的缺點，對症下藥處理它、改善它，不斷督促自己精益求精，終於讓我突破困境，在職場上猶如開了掛般過關斬將、步步高升，遇到很多賞識我、支持我的長官貴人，讓我得以發揮所長，也創造了屬於自己的職場奇蹟。

「勇敢」，是承認自己會害怕，依然選擇「面對」。

所謂「勇敢」不是不害怕，而是就算恐懼到發抖，也想這樣做。

「面對」與「勇敢」、「無懼」息息相關。由「傻瓜導演」曲全立執導的《台灣超人》紀錄片中，護樹鬥士莊傑任為了勘查樹木環境意外遭受兩萬五千伏特高壓電擊，全身超過七十五％三級灼傷，他昏迷數天後睜開眼，面對的是血肉模糊的雙腿，醫生宣布可能需要截肢，莊媽媽心疼兒子，擔心他熬不過去，莊傑任說，當下的確有過放棄和輕生的念頭，但是他為能完成護樹的使命，強迫自己克服恐懼，勇敢面對漫長的治療和復健之路。他在醫院加護病房與普通病房之間轉來轉去，歷經二十三次痛苦的手術、六次清創與植皮，再花三年半時間讓所有傷口癒合，耐心且堅強地等骨頭重新長出肉。痊癒之後，他拄著助行器繼續投入護樹工作，至今他和團隊已經救了兩千多棵樹，其中有四百多棵樹超過六十年樹齡。也許勇敢和無懼是需要找到一個理念、目標或心靈的支持，不論你是否有信仰，或者什麼樣的信仰，找到你心中那個可以指引方向的光吧！你將會發現「奇蹟」已在某個燈火闌珊處等你！

錢沒了可以再賺、工作沒了可以再找、朋友沒了可以再交、愛情沒了可以再遇、健康沒了活著就是希望，我們生來本就一無所有，又何懼從頭再來。（擷自網路）

勇敢且無懼的面對吧！Nothing to Lose!!（沒什麼好損失的）

8. 懂得心甘情願

一天，太陽和北風正爭論著誰比較強大。北風說：「當然是我。你看下面那位穿著外套的老人，我打賭可以比你更快讓他把外套脫下來。」

說畢，北風便用力對著老人狂吹，它的策略是把老人的外套吹走。但它越吹，老人把外套裹得越緊，直到北風吹累了，都還沒有達成目的。接著，輪到太陽上場，太陽熱情似火，暖洋洋地將陽光照在老人身上，沒多久，老人便開始擦汗，並「心甘情願」地脫下外套。太陽於是對北風說：「溫和友善永遠強過激烈狂暴，令人心甘情願才是王道！」

管理方法百百種，能讓「被管理者」心甘情願跟著「管理者」朝他想帶領的方向前進才是高手高手之高高手。我擔任花蓮觀光處處長雖短短十個月，卻完成不少事，怎麼做到的？最關鍵在於善用處內每個科長。當時我麾下有七個科：觀光產業、觀光企劃、觀光行銷、工商、資訊、交通、發展，前面六科分工明確，但編制只有三個人的發展科，能夠幫助業務本就十分繁重的觀光處多完成什麼績效呢？思考過後，我把為花蓮知名老景點七星潭找儀式感的重責大任交給發展科。以處長之威下令發展科科長限期完成任務當然名正言順，但我想讓科長率科員「心甘情願」達標，強摘的果實不會甜、心甘情願耕耘灌溉的稻穗才飽滿。

我先了解發展科科長背景和工作經歷，發現土木專業的他，有多次成功向中央爭取七星潭建設補助經費的經驗，太太也任職於花蓮縣政府。基於以上，我評估他對七星潭環境有一定程度的熟識，雖然沒有辦過觀光行銷企劃活動，但對觀光應該有興趣，要不然不會待在觀光處多年。做完初步調查，我先動之以情：告訴科長，因為我想做的事情太多，其他六科已經疲於奔命，問他願不願意基於「同事愛」率兵支援；然後誘之以利，分析給他聽：其他六科任務明確業務量又大，科長們沒有功勞也有苦勞，而發展科因為預算掌握在中央，績效難凸顯，如果接下此任務為縣級風景區七星潭找到新亮點，肯定可以立下戰功、名留青史；最後說之以理：承諾科長我會親自帶領他們執行此任務，而且也已擬定好戰術，我們一起按部就班即可完成，難度不高。基於以上三點，感受到我對他尊重的發展科科長自然「心甘情願」接下這個看似簡單、其實不然的任務。

模仿 PDCA 循環模型，我自創了 PDSC 循環模型，並且決定這次專案先從 See（觀察）開始，Check（評估）後再 Plan（企劃）和 Do（執行）。我們分頭上網觀察國內外風景區的儀式感，剔除國內已經有人做過的、台灣風土民情不允許的、七星潭風景區不適合的……，評估後選定以當時國內還沒有風景區認養的「疊石」作為七星潭儀式感標的物。接著企劃專案，創造出七星潭疊石傳說——只要跟你心愛的人共同疊上七顆石頭，你們的情感就會長長久久，並設定該年七夕情人節於七星潭舉辦疊石傳說記者會和相關浪漫活動進行推廣。

拍攝活動主題宣傳照時，再次驗證「心甘情願」的重要性。由於經費短缺，我特別情商由科長本人和某位女同事勉強湊做堆飾演情侶，在七星潭疊石前拉背拍照，結果拍出的照片讓我感覺這對情侶像怨偶，立刻建議科長找任職於縣府的正牌夫人出馬，終於完成了有Fu的宣傳照。七星潭疊石傳說因為這次活動一炮而紅，如今在谷歌大神輸入七星潭關鍵字就會出現一大堆創意疊石照；輸入疊石關鍵字就會立刻跑出七星潭。七星潭也自推出疊石傳說這個儀式感活動後，大大提升了遊客舊地重遊的熱度，不少人帶著親朋好友前來體驗創意疊石，透過個人社群網站的推波助瀾，活動自發性地如滾雪球般產生效益，也成了我和發展科科長一個共創奇蹟的美好回憶。

我一位好友A小姐常分享她公司舉辦員工保齡球比賽、釣蝦大賽、慶生會……等活動的趣事，到她公司拜訪赫然發現，內部有一個好大的交誼廳，裡面存放各式各樣進口零食、飲料、酒水，老闆不僅鼓勵員工們盡情暢飲享用，還會不定時訂購最夯的餐點到公司當員工餐，我很好奇這樣的經營管理模式是否真的帶動員工績效和公司業務？

二〇二二年英國非營利機構 4 Day Week Global 與智庫 Autonomy、牛津、劍橋大學合作，調查六十一家英國企業、二九〇〇名員工，週休三日的成效。結果顯示，週休三日不僅讓企業平均營收較前年成長三十五%，實驗期間，員工離職率還大幅下降五十七%。

答案不言而喻，讓人「心甘情願」果然能得到最好的成果，難怪人家說，有幸福的員工才會有幸福的客戶，有幸福的客戶才會有幸福的老闆，這就是幸福企業的三贏。

然而「心甘情願」的一體兩面可不只是要別人心甘情願，更高境界是自己也要心甘情願。

小時候，看到家裡太亂，我忍不住動手收拾，但也忍不住不停抱怨；此時，我那智慧的老娘會用一句話堵住我的嘴：歡喜做、甘願受。長大後，當我對別人好卻沒有得到期待的回報時，腦海中一句話突然浮現：歡喜做、甘願受。

阿難對佛祖說：我喜歡上了一女子。佛祖問阿難：你有多喜歡這女子？阿難說：我願化身石橋，受那五百年風吹，五百年日曬，五百年雨淋，只求她從橋上經過。佛祖稍一沉吟，問阿難：五百年的寂寞，不後悔？阿難說：我願意。佛祖輕嘆一聲：那你去吧。阿難如願化身成了那座石橋，經歷了風吹、日曬、雨淋，那女子終於從石橋上輕輕走過。

而你為了某個人、某樁事、某件物，願意「心甘情願」的犧牲奉獻，忍受五百年風吹、日曬、雨淋？當你想清楚了，跟佛祖許下我願意，那就去吧！

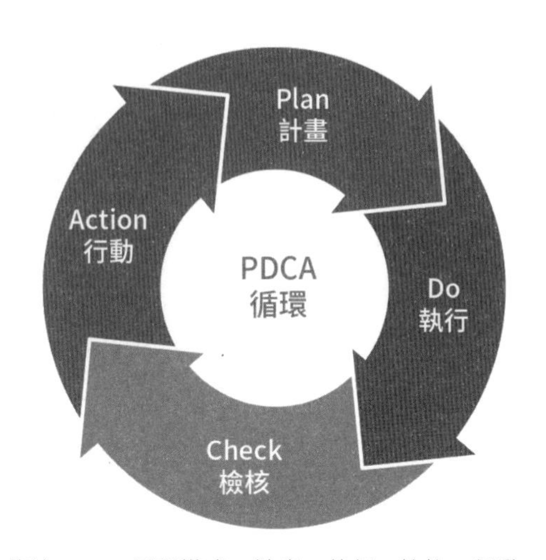

傳統 PDCA 循環模式：計畫、執行、檢核、行動，
如時間齒輪般運轉，推動組織成長的每一步

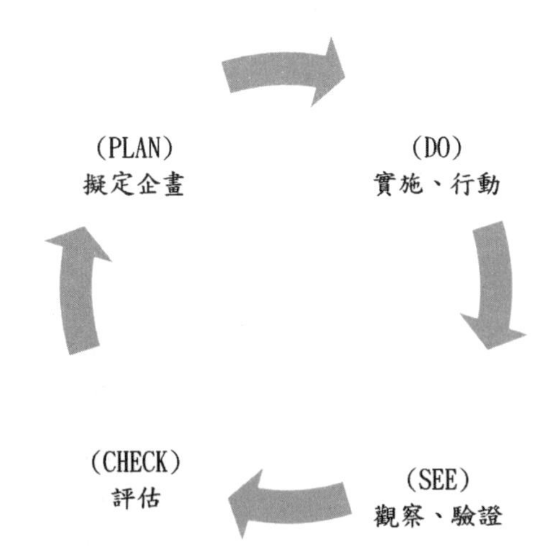

自創 PDSC 循環模式：擬定企劃、實施行動、觀察驗證、評估，從創新模式中探索行動與思考的平衡，走出屬於自己的高效之路

於花蓮觀光處處長任內創新推出的「七星潭疊石傳說」，受到廣大迴響（圖為 2021 年徐榛蔚和林姿妙兩位縣長共同合影，見證七星潭疊石傳說）

任職花蓮縣觀光處處長雖短短 10 個月，但創下許多令人津津樂道的奇蹟，離職後仍被徐榛蔚縣長聘為縣政顧問，持續為創造花蓮觀光奇蹟而努力

帶著老媽到七星潭，體驗用一顆顆石頭架起傳說，為旅程刻下親情的印記

9. 懂得心存感恩

寫這篇文章時適逢「感恩節」（Thanksgiving），讓我好奇感恩節是怎麼來的？依英文字面聯想，應該是「感謝賜予」；歷史由來的確也是歐洲農民在秋收後舉行宗教儀式感謝上帝的恩典，這種感恩的習俗隨著移民傳入美洲而被發揚光大。但當我們跟著歐風東漸，吃著火雞、雕著南瓜的時候，是否可曾想過要真心誠意感謝誰？上天？宗教？國家政府政治機器？民族文化歷史傳承？家中父母長輩？公司長官同事下屬？兄弟姊妹朋友？配偶愛人？子女晚輩？寵物？幸運物？家臣、家禽、家畜、家具、家人？自己？還是初次見面或未曾謀面卻為你提供服務、產品的某家公司、某個人？

「merci」（法文）、「gracias」（西班牙文）、「grazie」（義大利文）、「ありがとう」（日文）、「감사합니다」（韓文）、「ขอบคุณ」（泰文）、「terima kasih」（印尼文）、thank you（英文）、謝謝（中文），不論用哪種語言，表達感恩的話都很簡單順口；但若你能提醒自己每當說出這句「感恩密碼」時，能真心感謝賜予的對象，

那麼你將不斷啟動奇蹟產生器的開關。

許多心理學家越來越重視感恩的影響力，美國邁阿密大學心理系教授麥克．馬克隆（Michael McCullough）研究發現：「感恩確實讓人更快樂。那是一種不可思議的感受，感恩使我們和他人產生緊密的連結。」前史丹佛大學創業育成中心 StartX 創新領導總監奧麗薇亞．福克斯．卡本尼（Olivia Fox Cabane）在《魅力學：無往不利的自我經營術》一書中指出：「感恩的心是最佳利器！」在教育學上，專家也發現培養懂得感恩的孩子能增加和他人產生連結的感受、改善人際關係、增進學業表現、擁有更強的心靈能量，因為感恩會帶來正向的情緒，如愉悅、愛、幸福；同時減少負面的情緒，如痛苦、嫉妒、憎恨。

美國知名心理學教授，也是引領正向心理學思潮的主要學者羅伯，艾曼斯（Robert Emmons）說：「懂得感恩的人更有活力、對事物有好奇心和熱情；更少經歷妒嫉、憤怒、怨恨、後悔或其他容易產生壓力的不愉快狀態。」

那麼我們該如何使自己更懂得感恩呢？艾曼斯建議可以嘗試每晚在「感恩日記」寫下感謝的人、事、物。「在日記裡，關注在所感謝的人身上是很重要的，把焦點放在『如果生活中沒有這些人、事、物』會如何？尤其是放在人身上，像是自己的丈夫或妻子，想想有他們在身邊是多麼的令人感恩。」

艾曼斯曾針對十二至八十歲受試者做過幾項實驗，他要求實驗組受試者持續寫「感恩日記」；而另外的兩個對照組受試者則列出「厭惡的想法」及「隨意的想法」。研究結果發現兩組產生重大不同：約有三分之二持續記錄感恩的人拿到更高的幸福測驗分數，其中有人甚至在睡眠品質及活動力上有了長足的進步。

芝加哥心理學家瑪麗安・楚安妮（Maryann Troiani）則是研究出具體方法讓受試者逐步建立感恩的習慣，像是限制抱怨的次數、在「感恩日記」裡記錄自己身上所發生的好事等。楚安妮說：「感恩真的會改變一個人的態度及對生活的觀感。」

感恩＝讚美?!

電影《金髮尤物2白宮粉緊張》中，女主角艾兒剛到新辦公室報到，面對跟她針鋒相對的女同事和彼此互相指責、競爭的團隊，艾兒卻拿出「讚美杯」要求大家寫一句讚美同事的話丟進去，並且由「讚美杯小姐」大聲朗誦出來，看似可笑天真的一個舉動，到最後竟真的改善了同事間的緊張關係。

所以感恩＝讚美？是的，因為能心存感恩，細心地觀察別人優點並真誠地提出讚美，不僅讓對方感到很溫暖、很開心，更重要的是開闊了自己的心胸、拉高了自己的格局，讓可能的敵人變成了貴人。華人文化比較保守，傳統上我們很少感恩、讚美或鼓勵他人，尤其對自己很親近的人。或許，你可以試著在自己心中放入一個「感恩讚美杯」，讓這小小的轉念如蝴蝶效應般，引發那大大的正向改變。

上過卡內基課程的人應該都知道，卡內基提倡用讚美取代批評、用鼓勵取代責備，而且鼓勵和讚美都必須言之有物，具體指出對方值得鼓勵和讚美的事實。就像你吃到美食，光說好吃是不夠的，要能清楚說明好吃在什麼地方，以及你認為好吃的原因，才能讓人信服。

我常開玩笑說自己有三大優點：記憶力好、愛記仇和大嘴巴，但在我心中，「仇」其實是「恩」，為了搞笑才故意講反話。卡內基課程曾說，人總是喜歡上對自己有好感的人，所以我會認真記住那些曾幫助過我的恩人，以及他們曾分享過的人生榮耀事蹟，然後不吝嗇地在重要時刻，真心誠意地舉證具體事實，大聲表達出我對他們的好感，自然贏得好人緣。

任職東森購物公關部期間，很幸運得到李傳偉副總和董蕙芳經理的用心指導，讓我成功從記者轉型為專業公關，雖然短短一年我就主動請辭，但是心中一直真心感謝兩位長官的栽培之恩，過年過節總不忘送上我的感恩和祝福。我記得離開東森購物後四年，已經更換八個工作的我倦了，正徬徨著下一步該往哪裡走，沒想到一通關鍵的電話響起，當時被挖角到正崴集團的李傳偉總經理因為麾下公關經理離職，突然想起我。想想，如果沒有持續表達我的感恩，能奇蹟地獲得這個機會嗎？

感恩＝回報?!

你知道「受人點滴、湧泉以報」如何翻譯成英文嗎？看完網路妙答才知道，原來是：「You dida dida me, I huala huala you!」，多麼簡單的一句話卻清楚表達中國人博大精深的做人哲學，「施」比「受」有福，「回報」一定要比「得到」的多。

隨著工作資歷不斷累積，我受邀到 1111 人力銀行旗下中華人事主管協會擔任講師，也有機會認識聯合報金傳媒、時藝多媒體……等策展或藝文機構，知道董蕙芳經理設立臺灣文化創意產業人才發展協會並擔任理事長，我特意推薦她到中華人事主管協會教授公關和文創課程，每當我收到藝文展覽邀請或門票就寄給董經理分享，我的初衷只是想表達對董經理的感恩，沒想到她後續又以更多的善意和善行回報我，這樣善的循環也讓我們的感情持續了二十年。

感恩的心　感謝有你
伴我一生　讓我有勇氣做我自己
感恩的心　感謝命運
花開花落　我一樣會珍惜

歐陽菲菲這首〈感恩的心〉道出感恩的真諦，感恩需要勇氣，感恩需要珍惜，感謝你！感謝命運！不論花開花落都要感恩，如同不論對你有恩或有仇都要感恩，用愛感恩恩人，更要用愛感恩仇人，因為仇人和敵人讓自己變得更強大，成就了今日的自己。愛也一念、恨也一念；善也一念、惡也一念；成也一念、敗也一念！轉念讓「愛」的「感恩」，啟動「善」的循環，「成就」你的奇蹟吧！

10. 懂得分享

一九四五年十月，一名男孩出生於巴西伯南布哥州一個農民家庭。因家裡窮，從四歲起，他就得到街上販賣花生，但仍衣不蔽體、食不果腹。上小學後，他常和兩個小夥伴在課餘時間到街上擦鞋，如果沒有顧客就得挨餓。

十二歲那年的一個傍晚，一家洗染鋪的老闆來擦鞋，三個小男孩都圍了過去。老闆看著三個孩子渴求的目光，很是為難。最後，他拿出兩枚硬幣說：

「誰最缺錢，我的鞋子就讓他擦，並且支付他兩元錢。」

那時擦一雙皮鞋頂多二十分錢，這十倍的錢簡直是天上掉下的禮物。三雙眼睛發出異樣光芒。

「我從早上到現在都沒吃東西，如果再沒錢買吃的，我可能會餓死。」一個小夥伴說。「我家裡已經斷糧三天，媽媽又生病了，我得給家人買吃的回去，不然晚上又得挨打……」另一個小夥伴說。

男孩看了看老闆手裡的兩元錢，頓了一會兒說：「如果這兩元錢真的讓我掙，我會分給他們一人一元錢！」男孩的回答讓洗染鋪老闆和兩個小夥伴大感意外。

男孩說：「他們是我最好的朋友，已經餓了一天了，而我至少中午還吃了點花生，有力氣擦鞋。您讓我擦吧！我一定讓您滿意。」老闆被男孩感動了，待男孩擦好鞋後，他真的將兩元錢付給了男孩。

而男孩也不食言，直接將錢分給了兩個小夥伴。幾天後，老闆找到男孩，讓男孩每天放學後到他的洗染鋪當學徒工，有薪水領還有晚飯吃。

雖然學徒工工資很低，但比擦鞋強多了。男孩知道，是因為自己向比自己窘困的人伸出援手，才有了改變命運的機會。

從此，只要有能力，他都會去幫助那些生活比自己困苦的人。

後來他輟學進入工廠當工人，為爭取工人的權益，他二十一歲加入工會、四十五歲創立勞工黨。二〇〇二年，他提出「讓這個國家所有人一日三餐有飯吃」的競選理念，贏得選民支持，當選總統。執政八年來，他屢行「達則兼濟天下」的承諾，使這個國家九十三%的兒童和八十三%的成年人一日三餐都得到了食物。而他帶領的巴西也一躍成為全球第十大經濟體。

沒錯，他就是二〇一〇年底任期屆滿而卸任的巴西前總統盧拉（Luiz Inácio Lula da Silva）。

「分享」這兩個字說起來容易，做起來真是太難了。還記得小時候讀到孔融讓梨的故事，總覺得不可思議，好吃的梨子怎麼可能讓人呢？看看餐桌上的大魚大肉，只要晚個幾分鐘下箸，最好吃的部位、最大塊的鮮肉肯定被挑光了，這就是人性，嘴巴上說著我為人人、人人為我；表面上嚮往著團體生活，但事實上，人最優先想到的都是自己。電影《麻辣女王》中，飾演警探的珊卓布拉克臥底去參加選美，她上台機智問答時說，佳麗們個個說希望世界和平，但心裡其實期待對手摔個大跤，還好自己剛剛已經先摔過了。引發哄堂大笑，卻也充分表現出真實人性。

話雖如此，人之與野獸不同，在於人受了教育，有智慧和能力可以控制心中原始的慾望及野性，「懂得分享」就是這樣來的。小時候，我常拿私筷翻遍整盤菜，只為了挑出自己喜歡吃的菜色和部位，活到現在才懂自己的自私，還好那時我媽總會嚴厲制止我，教我餐桌規矩，後來我才明白，她教我的更是社交禮儀。出社會後，我總是習慣性幫我座位左右兩旁貴賓友人夾菜，如果是老朋友，我還會記得他們飲食喜好，為他們挑選各自喜歡的菜色，久而久之，這樣的習慣也慢慢延伸到我的生活上，收到好吃好玩的禮物，我總大方拿出來跟同事朋友們分享；每次參加朋友餐敘也不忘帶上伴手禮給主人，雖然我不富有，但是跟朋友分享的喜悅讓我感覺自己是個大富翁，自然而然也讓我的人脈存摺越來越富足，常常在重要時刻出現貴人相助。

樂於分享的個性不僅展現於具體實物，在心靈層面、知識層面上我也喜歡跟大家分享，這也是我願意爬文寫書、四處演講分享知識和經驗的初衷。在形而上部分，曾經有貼心的閨密發現，每次我們合照時，我都會刻意把臉調整到跟隔壁好友差不多大小的位置，因為女生拍照很在意臉大，所以只好讓號稱小臉的我犧牲一點啦！也許我的「犧牲」讓自己變「醜」了，但卻讓我和閨密們共同「分享」了拍照的樂趣，大家自然也喜歡跟我分享他們的生活點滴，讓我走進他們的人生，讓我們彼此成為貴人、彼此成就「奇蹟」。

再舉最近讓台灣舉國歡騰、百聊不厭的二〇二四年世界十二強棒球賽為例。被稱為歷代最強台灣隊的隊員們就是「懂得分享」的黃金團隊，全隊沒有英雄主義、沒有個人主義，每個人都樂於「分享」所有的壓力、成敗和榮耀。中日冠軍賽上投手林昱珉表現優異，成功壓制日本隊打者，但若中華隊打者揮不出大棒，也無法贏得最後勝利；又或者日本打者出棒後，中華隊投手以外的八名隊員都事不關己，等著看戲，也不可能演出完美的再見雙殺。贏得冠軍後中華隊員們的表現也是令人感動，他們彼此擁抱、共同分享著勝利的喜悅。從最不被看好的一支隊伍，一路打到逆轉勝，創造多項歷史紀錄，二〇二四年十一月二十八日出版的《商周》下了這樣一個大標：沒有一個明星，卻有一群英雄！中華隊完美分工的奪冠奇蹟！

懂得分享更深的含意就是團隊精神，只有懂得分享壓力、成敗、榮耀的團隊才懂團隊精神，有句俗話說，一個人走得快、一群人走得遠，但一群人沒有分工、沒有遵守團隊紀律和倫理，能一起互相扶持走得遠嗎？

有群動物在船上，原本由老虎擔任領導，但大家受不了嚴厲的老虎，最後採取民主方式，投票表決讓大家自由生活，結果小鳥每天開心地唱歌、樹懶每天開心地睡覺、小豬每天開心地狂吃……，結果有天遇到大風暴，沒有誰知道該如何應對，誰也不服從誰的指令，最後船沉了，沒有一個動物活得了。這個寓言故事告訴我們團隊精神和紀律的重要。

回到這群台灣之光中華隊身上，雖然是來自各隊的臨時編組，但絕對不是烏合之眾或一盤散沙，他們懂得分享並遵守團隊精神，才能共同創下此次令人津津樂道的奇蹟。這也是為什麼我常說，當你人生位置爬得越高，做人比做事重要、品格比能力重要的理論基礎，因為當你越接近成功，做事和能力都已成為基本條件，最後決勝關鍵絕對在做人和品格（品性格局），這也是近年情緒商數 EQ（Emotional Quotient）和品格商數 MQ（Moral Quotient）被重視程度逐漸超越智力商數 IQ（Intelligence Quotient）的原因。

態度決定高度，中華隊因為最初不被看好，反而讓球員們沒有非贏不可的壓力，也許歪打正著讓他們的態度正確了。電影《嚦咕嚦咕新年財》中劉德華說，人品好自然牌品好、牌品好，牌自然好！訴說的也是同樣道理。還有，被人廣泛討論的大谷翔平「曼陀羅九宮格思考法」，最中間那個九宮格，圍繞著終極目標——「成為八大球團第一指名新人」的八大要素中，其中有三個就與專業技能無關，分別是心志、人品、運氣。大谷翔平甚至經常自我提醒，如果多讀書、打掃房間、幫助他人、珍惜球具等，自己會更幸運。

人生最好的狀態就是「求缺不求滿」：福不可享盡，讓三分給他人；利不可占盡，留三分給他人；功不可貪盡，分三分給他人，如此人生才得真正的圓滿。（擷自網路）

歌手伍思凱的招牌歌〈分享〉，經過了二十二年，仍舊是不少團康活動上被傳誦的金曲，有缺才有滿、有失才有得、有分才有享，若能真正理解其中真諦，自然能讓視野不同、讓世界開闊、讓奇蹟來敲門！

與你分享的快樂　勝過獨自擁有　至今我仍深深感動
好友如同一扇窗　能讓視野不同
與你分享的快樂　勝過獨自擁有　至今我仍深深感動
好友如同一扇門　讓世界變開闊

受邀演講超過百場，每一次交流都充滿智慧與溫度，教學相長（圖為受邀至百華百城扶輪社和台北西北扶輪社例會演講）

大谷翔平的曼陀羅九宮格

身體保養	吃營養品	前蹲舉 90公斤	改善踏步	強化軀幹	保持軸心	角度	把球 從上往下	增強手腕
柔軟性	鍛鍊體格	深蹲舉 130公斤	穩定放球點	控球	消除不安	不過度用力	球質	用下半身
體力	擴展身體	飲食	強化下半身	身體姿勢	控制 心理狀況	放球點往前	提高轉速	身體可動範圍
設立目標	不要忽喜忽憂	冷靜	鍛鍊體格	控球	球質	順軸心旋轉	強化下半身	增加體重
加強 危機應變	心志	不要受 外界影響	心志	獲得八大球團 第一指名	球速 160公里	強化軀幹	球速 160公里	強化肩膀
不要起伏	對勝利執著	體諒隊友	人品	運氣	變化球	擴展身體	練習傳球	增加投球數
感性	成為喜愛的人	計畫性	打招呼	撿垃圾	打掃房間	增加球種	指叉球	滑球
體貼	人品	感謝	珍惜球具	運氣	對裁判態度	曲球	變化球	針對左打的 決勝球
禮貌	成為 受信任的人	持之以恆	正面思考	成為 受支持的人	讀書	隱藏 投球動作	控球	球的尾勁

從曼陀羅九宮格思考法中，看見大谷翔平的成功密碼：專業技巧之外，心志、人品與運氣交織成完美藍圖（資料來源：《學會「曼陀羅計畫表」，絕對實現，你想要的都得到》，方言文化出版）

B6 僑社新聞 หนังสือพิมพ์สากล 世界日報 公元2024年（2567）6月14日 星期五

世華名人講座邀唐玉書分享正能量

唐以獨特視角闡述職場成功之道獲得滿堂彩 疫情後首場講座精彩圓滿

世華「2024名人講座」吸引許多傑出女性菁英出席，會後唐玉書與世華姊妹們合影。

唐玉書分享成功哲學，贏得滿堂彩。

1 受「世界華人工商婦女企管協會」泰國分會邀約至曼谷，擔任「2024 名人講座」講者，該會曾邀約過之主講人為張艾嘉、李昌鈺。此次演講受泰國當地發行量最大的中文報紙《泰國世界日報》高度重視，予以半版大幅報導

2 張艾玲會長致贈感謝狀及禮品

3 飛機一落地，在機場即受到張艾玲會長和幹部熱烈歡迎

Chapter 8

充託砲溉送的成功之道

命運三個轉折點是原生家庭、自我覺醒和人生伴侶。

原生家庭養成我「寧為雞首，不為牛後」的天性，超強好勝心讓我從小就力爭上游、追求卓越、志在奪冠。在智商未開的小學時期，完全無需父母老師督促，畢業平均成績即達九十八分（滿分一〇〇分）、雖然高中聯考失常，但大學聯考成績為該屆國中同學第一名、大三以有史以來最高票當選台大經濟系系學會會長、東森購物時期在三〇〇〇多名員工中脫穎而出，成為接班人計畫第一名、雲朗觀光時期，是集團最年輕且爬升最快的五星飯店總經理。原生家庭除了是我不斷繳出亮眼成績單的動力外，也培育出我擁有忠孝仁愛信義和平、愛家愛國、重情重義、守信守分的老靈魂，因為我有一個喜歡用傳統戲曲故事教育我的媽媽、棄筆從戎的愛國老榮民爸爸、以及平均大我十歲的三個哥哥陪伴童年。

自我覺醒則在我人生由高點摔落谷底時，幾次助我再攀高峰。挾著自以為是的高學歷，年輕時，我以印度電影《三個傻瓜》片尾結語為座右銘：追求卓越、成功自然來敲門。自負自大，覺得聰明如我，何必管別人怎麼想怎麼看怎麼做，我只要追求卓越一定會成功。慢慢地，我發現樹大招風，高調白目、自我中心容易樹敵，無論多麼努力，都不可能成功，因為到最後你會驚覺，在自己勇往直前、衝鋒殺敵時，背後和身旁的箭竟然遠遠超過正面敵人射來的，不可思議吧！所以這次自我覺醒，我的座右銘改為：一個人走得快、一群人走得遠。我開始修身養性，學習領導統御的技巧心法、軟硬兼施的管理模式、用正面鼓勵取代負面批評的人生哲學，以和為貴，將利他放在利己之前。

好勝心強、事業心重的「女強人」，彷彿躲不過愛情婚姻不順遂的魔咒，還好我通過了上天考驗，放下而得重生，也在將近半百之時，得以創造感情奇蹟。每次問我先生為何初視一眼就決定放手追求，他總說是聽到上天的旨意，我們都順應天意才能得此良緣。因為有這位好的人生伴侶，讓我自動自發將座右銘改為：改變自己、關心別人。

回顧我的人生歷程，如果硬要我提出自己屢創奇蹟的心法，我會以燙傷送醫防護口訣「沖脫泡蓋送」做創意思考，提出「充託砲溉送」五字訣。

成功是屬於準備好的人，若不努力也是曇花一現。放在首位的「充」，即是充分做好準備不忽悠（fool you）、隨時充電充實自我不懶惰（lazy me）。

入職報到的第一時間，就是挑戰的開始，沒有人會耐心等你磨劍，立即就戰鬥位置是我從專員跳經理，回鍋到東森購物的回憶。面對連跳六級的四種謠傳版本，我不澄清，決心以實際成績回擊謠言。短短兩個月，我每天夜以繼日、日以繼夜，不斷充實自己美容相關專業能力、充分收集業界情資，並充當統領，整合公司二十幾個部門資源，因為「充」到極致，果然為東森購物第一次參加美容展「衝」出好成績，不論是業績或媒體曝光聲量都是該屆展覽第一名，事後我上呈的結案報告也被王令麟總裁指定為新進理級主管必讀範本。此可謂為讓我在東森購物站穩腳步的重要奇蹟事蹟。

任務「託」付合適之人，重點在於「人」。所以，我常跟團隊分享，敞開胸懷多接觸，多體驗，奇蹟產生的原創來自「人」，莫把社恐這兩個字不經意掛口邊，有點自命清高、孤芳自賞的味道。彷彿脫離人群才能修得一方清雅，也給心靈清淨，其實，世間行走，同類人互相吸引，才能夠幹出一番大事業。

金馬影帝吳慷仁就常說，工作碰到保持熱情和初心的夥伴，會是自己做得更好的動力，大家做的事情，都是很迷人的、值得被尊重的。他相信吸引力法則，同溫層能夠帶來美好力量。「沒有故事的人，生命乏味。但，人生故事必經歷過種種磨難而造就了奇蹟。」

被困在某個低潮中，不妨繞個路去新的遠方，見新的朋友。電視劇不都這樣演嗎？《有風的地方》影片中劉亦菲去到雲南才碰到李現，滋生浪漫愛情。

「託」是託付給合適的人，婚姻如此，工作也如此。我第一本書《誰說我的狼性，不能帶點娘?!》就把熱賣的願景託付給 1111 林文雄總裁。由於這本書定位為給社會新鮮人和中基層主管看的職場工具案例書，我評估很適合推薦給人力銀行會員，所以主動提案給林總裁，建議本書可以搭配 1111 每年於一六〇多所大專院校舉辦的就業博覽會，讓畢業在即的莘莘學子有本「參考書」，我也願意成為1111人力銀行的校園巡迴講師，幫助對未來迷惘的畢業生們找到職場入門方向。這樣的提案得到林總裁支持，在我的新書尚未送印之前就已順利售出一〇〇〇本，這也算是對沒沒無聞作家新手的奇蹟肯定吧！

完成「充」和「託」，接下來就要毫無保留「砲」火全開了！

這段期間最流行的一首歌「Team Taiwan, Team Taiwan.」帶出的是中華隊「奇蹟」奪得世界冠軍的故事，事實證明，這次中華隊戰略正確、所託「正」人，在隊長陳傑憲帶領下，中華隊集所有人的專業、分工、信念、勇氣，共同為國家榮耀齊心團結、盡心努力，場邊響徹雲霄的加油聲和場上選手砲火隆隆的攻擊聲，共同譜出一首奇蹟之歌。

含淚播種、揮汗收割，淚水和汗水成分相同，但若流淚的時候沒有搭配正面思考和正確行動，絕無法在流汗時開懷收割。英國激勵作家塞謬爾·思邁爾斯（Samuel

Smiles）說：自己拯救自己，真正的榮耀，源於自己對自己的征服。所有思維都是經驗的累積與回望，當你真正把自己準備好了，真心誠意想完成一件事，一個正念吸引一個正念、一個好運連結一個好運，力量加乘，正向影響了全世界，奇蹟產生器也自此順利運作！

「砲」火全開後為何還不能保證收割？因為沒有來自四方的「溉」，秧苗未必能長成飽滿的稻穗。因此我總謙卑地提醒自己絕不能個人英雄主義，機器的螺絲，顆顆都是運轉核心，要以更柔軟的眼光和更寬廣的胸襟，在這多變的人間灌溉友善，莫把彼此簡化為一串缺乏歡樂、愛與聯繫的成就清單。

「溉」來自長官、平行單位、下屬、外部合作對象等的「甘霖」支持，也來自歷史演進、社會氛圍等的「洪流」灌注，更來自內心深處心靈的「湧泉」滋潤。越能廣結善緣、善用資源的人，越能肥沃、擴大你的福田。

要能引水灌溉，「送」是重要關鍵。此時，知名的馬斯洛（Meslow）需求理論恰好派上用場，根據不同需求的人送上他們想得到的禮物。例如對於親民愛民的徐榛蔚縣長，她想要的是實現選舉承諾，所以我送上的是開通兩條直飛花蓮的航線；面對只想多賺錢養家活口的雲品洗碗工，我送上的是實質的加薪；看到正在為父親罹癌治療傷透腦筋的主管，我送上的是好不容易喬出來的病床；為鼓勵有企圖心的優秀下屬，我送上的是充分授權；發現士氣低落、本位主義的辦公室氣氛，我送上的是每日晨會跨部門溝通和不定時的主管餐敘；知道位在非都會區的同仁為月餅業績苦惱時，我送上的是二〇〇〇盒月餅訂單；遇到渴望成功卻不得其門而入的上進年輕人，我送上的是毫不藏私的經驗分享；聽聞遭逢人生劇變的友人事蹟，我送上的是寒冬送暖及陪伴。

送禮更是中國人的學問，如何送到對方心坎裡，始於平時眼觀四面、耳聽八方的關心。記得 COVID-19 防疫期，凡是染疫的亞果主管，人人都會收到我送的養生禮盒，代表的是滿滿的健康祝福。還有，我會用心記住對方的喜好和收集，譬如有人喜歡貓頭鷹，看到特殊的貓頭鷹擺飾我總會為他買下；有人特別喜歡小熊維尼或米奇，就可記錄下來列為他的禮物選項之一；有人剛弄丟名片夾，想想如果立刻送上一個，他該有多開心；有人在辦公室擺了一張大茶几，送他茶葉禮盒絕對不會錯。

人性永遠不變的是「吃人嘴軟，拿人手短」，聽來現實，卻是社交的必然禮儀。「送」是送禮、送愛與送暖。了解對方性格所好和需求而真心誠意準備禮物，對方拆開或接受禮物的霎那驚喜與感動，為這越來越疏離和冷漠的社會帶來一絲暖意。

充託砲溉送，是我產生奇蹟的五字訣，那你的呢？

為花蓮的天空開闢直飛之路，不錯過每一次參訪與磨合機會，奇蹟終於來敲門

Chapter 9

經濟奇蹟，夢想的起點

圓滿的家庭為驛動的心找到永恆棲所，夢想從故鄉延伸，支撐我奮發勇敢，讓人生變得更具深意。我的母親出生於民國三十年，年輕時經歷過日據時代、國民政府遷台、中美斷交、第一次能源危機……等動盪年代，面對命運無情，淒怨之風吹不倒她，內心存有既定的善良和責任，無怨無悔承擔第一任丈夫留下的債務及因違反票據法遭通緝的牽累；接著，任勞任怨幫助公務員收入的第二任丈夫撫養我們四兄妹長大成人，台灣的經濟奇蹟，有我媽媽胼手胝足的身影。

年輕時被稱「黑貓」的美麗，不只是世人看到的外表，更是無論命運如何捉弄，永遠表露的寬厚感恩內心之美。

「誰言寸草心，報得三春暉。」我是爸媽二婚高齡生下的獨女，在呱呱哭聲中，五十歲的爸爸和三十四歲的媽媽將我接到人世，竭盡所能給予溫飽，以半世紀言教身教孵育我的人格，讓生命中第一個導師，如此溫潤而美好。

媽媽活潑好動，看到喜歡的、好奇的事物就雀躍振奮，六十七歲開始自學電腦寫部落格、八十三歲開始錄影片玩抖音，她常無懼年齡限制勇於嘗試，人格鮮明讓她成為百萬人氣銀髮部落客——「環保阿嬤金鳳姨」，許多朋友誇讚，沒看過這樣純真可愛樂觀的老人家。

基因的強大不可否認，像媽媽的我從小到大被 Spot Light 打光成「得天獨寵」嬌嬌女，無論家庭或學校生活都被捧在手掌上，以自我為中心，一呼總得到百諾。但除了天生自帶光，正確三觀的養成也多虧了媽媽。舊年代普遍錯過正規教育而書讀得不多，卻因進出菜市場與地方宮廟累積了豐富的生活智慧，媽媽每天開講民族英雄及民間故事為我啟蒙，如：岳飛的「精忠報國」，獻旗女童軍楊惠敏的「四行倉庫」，還有文天祥「正氣歌」，苦守寒窯十八年的王寶釧，得道修成媽祖的林默娘……等，媽媽教我待人處世的道理，助我練就百萬級戰鬥力，亦文亦武亦俠亦溫柔。

媽媽和一般老派家庭「大家閨秀」的淑女家教背道而馳，總讓我這女孩像猴兒般頑皮爬樹訓練膽識，增添體力與智力，更傳遞了「信任」的心理素質，讓我知道，往後無論遇到什麼危險，要信任那展開的雙臂，毫不害怕，也不遲疑地往下跳，自然會被穩穩接住。母女相擁樹下，整個宇宙都為我的勇敢拍拍手，此刻，傾聽奇蹟的腳步，似乎又更近了一點。

我從小喜歡許願，願望很具體，也接收到許多天賜禮物。長大進入社會，經過努力，榮耀、榮譽與榮寵各類勳章加身，相對的，蒙受莫名委屈也當然沒少過，因此我從小就體悟到，命和運是截然不同的兩回事，命是先天、運是後天，靠自己才能改運；但想好命，端看你是否有通過上天的出題考驗。

奇蹟揭曉於時時刻刻，帶點頑皮，也很嚴肅。有人未成年就能擁有，一跳成名天下知的十四歲奧運跳水冠軍全紅嬋，在奪冠之前，從來沒有參加過國際比賽。

童顏相對的是白髮。獨居的日本奶奶詩人柴田豐近百歲奇蹟才來敲門，出版的詩集

《人生別氣餒》銷售超過一五〇萬冊，既溫暖又堅強的樸素筆調，感動無數讀者。我喜歡那首懷念母親的詩：「手舉著小風車，追在媽媽的身後。風，是那樣的輕柔，陽光，是那樣的溫暖。媽媽回頭時的笑容，使我心裡踏實，使我內心歡暢，我的心裡只有一個念頭：快快長大，孝順媽媽。」

我的童年也充滿詩意，初夏清風送來媽媽的聲音，叮嚀我堅強挺住，熬過去、跨過去，好運自然來。媽媽用「宰相肚裡能撐船」教我提升格局度量，用「坐而言不如起而行」教我做就對了，「腰桿要軟、嘴巴要甜、手腳要勤」、「伸手不打笑臉人」、「生緣不生水」更是她對我從小到大的耳提面命。

每年生日，我總不忘謝謝媽媽給予我生命，讓我知道責任、知道感恩、知道愛！許多朋友以為我舉手投足充滿自信，必是天生好命的人生勝利組，不不不，事實上，我絕非含著金湯匙出生。

我是小小童工，還沒上小學就跟著媽媽四處打工討生活，社子電影院換場時段，微暗燈光下，有我們母女努力工作的吃力身影。我牢牢握住比自己還高的掃帚，認真地將每個角落清掃乾淨，大人常誇我：「這孩子以後一定有出息！」記得媽媽有份工作是在家車縫床單被套，小小的我強忍敏感鼻子的不適，在滿屋棉絮飛揚下，努力認真折好布單送去工廠，論件計酬貼補家用。「手巧心細」、「不畏艱辛」、「使命必達」從這階段就已開始慢慢累積，成為我的做事原則，造就成長後的幹練。

勇敢堅韌是我們母女的共同勳章，受到舊時代的生活磨難，媽媽從早到晚打三份工貼補家用，連一塊錢的公共電話費也不敢浪費。雖然每天為柴米油鹽醬醋茶和四個孩子的學費煩惱，她卻從沒忽略對小孩的管教，「吃過苦，將來才能辛勤工作，面對世界。」她帶頭把吃苦當作吃補，將環保和惜福發揮到極致。打包客人吃剩的食物養活一家子，回收二手家具增添家的完整舒適，以裁縫巧手為我顧好同儕社交場合的體面。記憶中，我高中前從沒買過任何一件新衣服，總是撿別人淘汰不要的來穿，也從未吃過外食，就算再怎麼想吃，也不敢開口要求，除非有好心人請客或喝喜酒，我才能跟著大快朵頤。

「我們不是窮，是小康！」媽媽教我這樣正面解讀，才讓我不會因窮而自卑。她什麼都省，唯一不省的是對子女的教育。為將我養育成動如脫兔、靜如處子，精通琴棋書畫的氣質閨女，媽媽用盡心思，只要對我好的、我想要的，不論多辛苦，媽媽總是幫我圓夢！記得小二時，社會盡是「學琴孩子不會變壞」的氛圍，有天我到女同學家玩，好奇彈了幾下同學家的風琴，立刻被同學媽媽制止，我哭哭啼啼地回家跟媽媽訴苦，沒想到跟我一樣好強不服輸的媽媽，竟然花掉半生儲蓄十萬元為我買下一台真正的鋼琴。而我也沒漏氣，最晚開始學鋼琴，卻超前趕後，短短四年就學到小奏鳴曲，還兩度被老師選為登上當時實踐堂表演的優秀學生。大二暑假，我想跟同學去加拿大遊學一個月，媽媽也是狠下心，標會幫我湊齊十萬元學雜費。她說，她沒有能力給我嫁妝，但只要我願意學習，不論讀到什麼學位，她都幫我出學費，也因此，我直到博士班學費都是媽媽出的。

內外兼修是成為「美女」的必備條件，裁縫師出生的媽媽常教我基礎美學：「紅色美，黑色大器」、「紅配綠狗臭屁」、「上花下不花，下花上不花」。但在身材管理方面，可能是彌補心態導致我愛吃不忌口，媽媽提醒少吃點，我還用「能吃就是福」頂嘴，以至於我小學就因過胖而有「肥仔」的綽號。記得母校社子國小是圓形建築，只要哪個壞男生笑我「肥仔，該減肥了……」，我就毫不客氣追著他們打，有個阿嬤還特別跑到我家敲門告狀：「妳女兒真派，打我孫子。」好像平劇「跑圓場」，他跑我追，繞著校園好幾圈，全校都知道多才多藝的風雲人物——胖班長不好惹。

說來，五、六年級生都有相同際遇，準備聯考心情差，拚命靠吃來減壓，以至於體型大走樣。除了胖，我還有哈比人的稱號。直到長大釋懷了才開玩笑說，我不只當過處長，更是「部」長，因為自國小後身高就「不」長了。你能想像就讀六年女校的我當時是何模樣？矮小胖女孩把校服百摺裙穿成了過膝蓬蓬裙，再加上厚重的近視眼鏡，和捨不得上美容院而被媽媽剪得長短不齊的頭髮，學生時期的團體畢業照，任誰也認不出哪個是我。拿出黑白學生照片給老公看，他不可置信地噗哧一聲笑出來，看很久也不敢相信自己娶的水某以前竟長那模樣。我一直胖到中山女高畢業考上台大，才因愛美魂上身而開始節制飲食，驗證了「女大十八變」這句話。

回憶起來，我在自信、自以為是、自我感覺良好之外，也有自卑的階段。

但也因為自信與自卑交錯，自律與自省並行，我才領悟出，好運不會自動從天上掉下來，生命裡所有的喜怒哀樂都必須面對它、處理它、放下它。因處理得當，奇蹟才會產生。

媽媽之外，漫畫大師蔡志忠對我也影響甚深。他教我人生最重要的功課就是認清自己和自我學習，把我拉回「無論主角或配角，都要盡力學習，全力發揮。」的思維，不做則已，要做就要竭盡所能、做到最好。

「上得廳堂，入得廚房」則是老朋友梁幼祥大師對我的形容，在療癒又有成就感的廚藝中，我得到充分的快樂，並且把家庭照顧好，這個天分因努力更達高峰，也還是那句千古名言，「要想怎麼收穫，就怎麼栽」，老天爺永遠不會辜負汗水。

許多大師在YouTube中更教會我，每個任務都非交差，也莫敷衍，「充滿幸福快樂，重建自我肯定感」有幾個方法。第一不攀比，二是使用正面詞彙，激起正能量，讓思維發生正向變化。一成不變的生活容易讓人喪失自我肯定，所以離開舒適圈，去做不一樣的事。「設定為標準，肯定自己，活在當下。」把困擾寫下來，逐一解決，從問題中抽離出來，尋找生命新角度。

其實道理人人都懂，各種說法、各種角度都有，所以我很鼓勵大家成為「沙漏人」，何謂沙漏人？就是打開自己天靈蓋上的天線，廣泛吸收所有知識和資訊，經過自己適才適性適時適所地去蕪存菁之後，再用自己的獨特方式去解讀和演繹，只有找到最適合自己的人生哲學和方式，才能活出自我，創造真正屬於自己或自己想要的「奇蹟」！

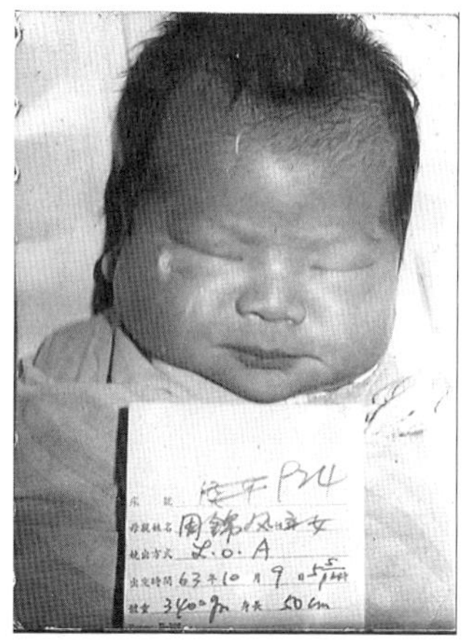

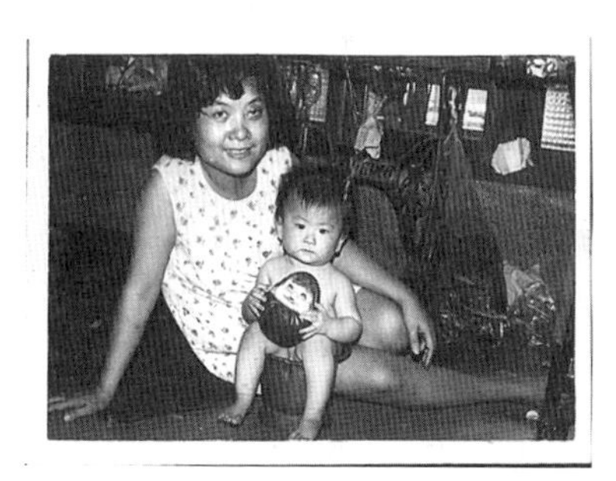

1 我的出生照，生命的第一張相片，記錄了所有愛與奇蹟的起點
2 藏在畢業紀念冊裡的青春，是一段還未展露鋒芒的時光
3 媽媽的懷抱，是我最溫暖的童年風景
4 小時候集眾家人寵愛於一身，記憶中都是家人的愛與呵護
5 青澀的國中歲月，不服輸的個性早已養成

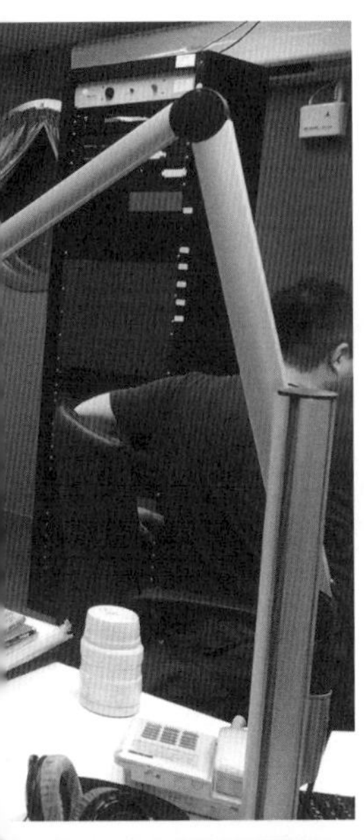

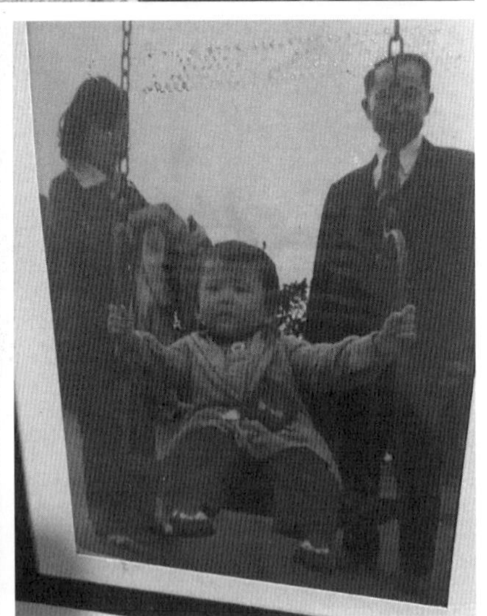

3 只要有老媽陪伴，早已經心想事成別無所求
4 畢業照裡的學生模樣與現在大不相同，連老公都難以辨認
5 奇蹟產生器的養成來自於永不自我設限、不斷嘗試新事物、勇於挑戰自我（圖為大學時參加崑曲社，粉墨登場）
6 童年與爸媽的合影，父母對我的長成有著很大影響

1	2	3
4	5	6

1 媽媽不惜花重金讓我學琴，我也彈得有模有樣，頗有大將之風

2 環保阿嬤金鳳姨 67 歲開始自學寫部落格，已是百萬銀髮網紅，勇於嘗試的她，常到處體驗人生，可看出我的個性和樂觀遺傳自誰

從媽媽牽著我的手到我牽著她的手，要到處帶著媽媽體驗人生

Chapter 10

萬般迷津，唯有自渡

「總有一天，我們會成為別人的回憶，所以盡力讓它美好吧！」感觸萬分，眼淚止不住的對白，透過少女時期看過的電影《情書》，收藏起良善與緣分而傾聽奇蹟的腳步，新事物新風景瞬間湧上前所未有的感悟，那是值得的篤定，出現嶄新的寓意。

歷經波折，終於在對的時間碰到對的人，這讓我更加體認，不分智愚與聖賢，人人都是在挫敗中成長與成熟，再走向成功之路。

甜蜜與真摯豐富了彼此的感情，心動的剎那毫無保留，的確全心全意。但是，世間萬物難以永恆，就像四季更迭，必有冬暖夏涼的輪迴，當溫度無法預期地急凍，降到零下幾度C，回溫渺茫，我應該怎麼面對它、處理它、放下它呢？

人生不可能完美，職場上精明的我，感情路卻十分不順遂，年輕時被第一段婚姻折磨十七年，分分合合、吵吵鬧鬧，我不負人人卻負我，被配偶和朋友同時背叛的電影般劇情，讓我難過到數度想跳樓。會這樣痛苦，現在想來，應該是因為當時的我還參不透感情的奇蹟產生器如何啟動吧？

還好最後心中的天使戰勝魔鬼，我選擇放棄、放下甚至原諒，專心追求自我成就，終於順利斬斷渣男前緣，重啟新生活，也蒙奇蹟產生器發威，短短不到三個月就遇到了承諾七生七世的正緣。

有沒有被愛過？鐵定有，但變質了，自己還是原來很棒的自己，內心穩如泰山時，所有愛的來來去去都只是一個過程。燦爛或暗淡，前進或後退，都無人干預，完全由自己決定。那些不好的事情，讓我通曉，魔鬼挑戰的，都是定力不夠的人；而當我消除雜音，靜聽自己內心的聲音，盡最大的努力去蛻變重生時，天使降臨，讓我仍然相信愛情。

處理背叛，誰都不可能天生就懷有通天本事，一如「愛情來了又走，我的夢醒了又空」的失婚聯盟，我也曾陷入無盡的哀傷與挫折，久久難以自拔。交往過程的快樂絕對真實，但愛情風險，比想像沉重。

當風險來到眼前，我們就允許自己那階段性的心情低落吧！不用過於急促把自己拉回來，更無需期待別人有情有義，只能要求自己無愧於心，這樣就足夠了。

然後，深切覺醒與體悟，人生走一遭必定嚐盡百般滋味，過往甜，如今苦，把基因中所有好強、堅韌、善良與咬緊牙關……倒進生命之缽，Mix and Match 混搭均勻，重新調味。如同毛毛蟲也是要經過痛苦的蛻皮過程才能羽化成美麗的蝴蝶，我要讓自己變得更好，外型的、心靈的、效率的……都要超越困頓，這是一條不能回頭且唯一的康莊大道。

二〇一七年我前往花蓮擔任翰品酒店總經理，大家都羨慕我事業得意，如同東台灣燦爛耀眼的陽光。人前，我敬業樂群，談笑間調度自若屢創佳績；人後，卸下堅強面具的我滿懷哀傷且孤獨無助，既擔心家裡兩隻貓無人餵食，又掛念那男主人不回的家可還如常，身心高壓，情緒始終低落……也只有親近的秘書和友人知我夜夜何以醉酒，「總經理，您很不快樂。」

對，我很不快樂，正膠著於十七年感情的去留。掙扎了感覺有數萬年之久，二〇一七年十月我終於痛下決心了斷這段孽緣，沒想到，轉念後不到兩個月，我竟遇到了此生至愛。記得與黃先生相遇是在十二月十三日，那是一場由我們共同友人B先生為他安排的相親會，二位女孩都很出色，我不過是被邀去當作陪客的路人甲，意料之外，黃先生卻對我開始每日電話熱線。

半個月後，來到跨年夜，我在花蓮、他在台北，兩地同看台北一〇一大樓的倒數，只是一個看電視、一個在現場。「唐總，」他都這樣叫我，「這次跨年妳一個人過，但希望接下來的每一年跨年，妳都有我陪著一起度過。」他還留個退路，真誠地告訴我，「我沒有什麼朋友，妳不接受我沒關係，不要有壓力，我們永遠都是好朋友。」

猜我每晚九點工作應告一段落，他按時來電，噓寒問暖中，我讀到「願得一人心，白首不相離」的心語。那段恢復單身的日子，每次休假回到台北，總是應酬聚會滿滿，有時甚至一晚連趕三攤，黃先生總是風度翩翩地一趟又一趟溫馨接送，也做了希望「永遠當我柴可夫司機」的表白。

聽黃先生說得柔情似水，當下有了嚮往。但是，剛剛退出一段感情，還隱隱痛著，我要如何面對新的磨合？當時，我考慮甚多。舊傷未復，人生方向尚風雨飄零，分手的那張紙，清楚記載走過的悲歡歲月，哪有可能短短兩個月就全然抹平？

黃先生敦厚善良、腳踏實地白手起家，深知萬丈高樓平地起，他認真努力考取數十張專業證照，就算在工地摔斷腿仍不放棄工作，拄著拐杖也要如期完成工程進度。他的創業奮鬥史讓我十分敬佩，但讓我真正決心接受他，是我看到了他的自律。

愛，可以轉化為驚人的殺力，改變既有舊貌，迎合摯愛品味。黃先生用一個月時間，從九十三公斤的大叔，成功瘦身變成七十七公斤的型男，胖或瘦，表面看來是生活極小的細節，但是減肥成功，卻代表超強自制力，那是看不見的力量，牽引著彼此的未來。

終於，我破涕而笑，「真幸福的人生呀！」遇到喜歡的人，年復一年、有儀式感地做同一件事情，很美好。

之後我們的進展飛速，二〇一八年七月，我成為他的新娘，如他所說：「最好的生日禮物，就是妳的身分證上多了我的名字。」婚後，他跟我分享自己已經用了二十多年的保險箱密碼——一二一三，發現了嗎？這不就是我們初識的日子嗎？冥冥之中，似乎早已註定了我們的相遇，他說，這是他向佛祖求了五〇〇年受風吹日曬雨打，才盼到的愛情；而對我來說，這段良緣是我通過上天考驗，因善良放下而得到的愛情奇蹟！

黑暗隧道必須獨自地走過那意味深長的往昔，起承轉合的際遇，「尊重自己的傷痛，不要讓任何人告訴你，你所受的痛苦並不是最痛，世上還有比你現在承受的更痛之痛。永遠不要比較痛苦。創傷需要去感受和看見，才能處理。」專家大衛凱斯勒（David Kessler）這樣提醒我。從靈魂深處自我救贖，才能將奇蹟展現在自我覺醒、奮發圖強中。準備好了，才接得住那神奇拋過來的好球。

「愛情像風箏斷了線，留不住曾經許下的諾言。」物換星移，傷逝之痕如何追悼與稀釋？拉開一道如漣漪般蕩漾擴散的傷痕圖譜，抹乾眼淚、整理好情緒，奇蹟將會來臨，因為，我們走過了關卡，如今的新感情才是真正渴求的。年輕不解世間艱險而遭到背叛，沒關係，都是學習，命中註定，卻可用機運來改寫，先天與後天交會，順遂與挫敗交鋒。

弘一法師要世人不必害怕失去，所失去的本來就不屬於你。不要害怕傷害，能傷害的都是學習。放下一切，專心聚焦，命運那盞聚光燈，緩緩亮起。「萬般迷津，唯有自渡。」釋懷傷害，這個傷害就結痂了，就翻篇了，更海闊天空了。心是一畝田，總得自己荷鋤耕種，不可能他人代勞的。面向陽光，陰影就會在你背後！

給伴侶愛的陽光，燦爛的自由

1. 表達愛意
2. 分享喜悅
3. 支持伴侶的興趣
4. 展現對伴侶的尊重
5. 取得平衡
6. 感謝付出
7. 保護伴侶隱私
8. 參與彼此生活
9. 視家庭為最大的支柱
10. 成為孩子的榜樣
11. 永遠不要忘記根本

結束前段不適合的感情，2018 年結婚對我是很重要的人生轉折點，走向幸福的愛情奇蹟

1 和對的人一起度過，每天都彷彿是快樂節日

2 2018 年 7 月 12 日，在老公生日當天我們登記為正式夫妻，雙方最重要的母親是見證，只邀幾位好友出席

3 老公追求我時的第一張合照，這是我們的起點，也是奇蹟發生的瞬間

後記

有義務再重生一次

有一天，高中死黨傳給我一張截圖，她竟然在星座專家唐綺陽占星幫臉書粉絲團上對著一篇公開貼文留言說：此為唐玉書無誤。

我詳讀之後不禁莞爾一笑，那一篇「天秤冷知識」內容如下：真正個性其實很積極、急性子，而且是行動派的狂人！還有還有……，天秤喜歡贏的感覺，也在意業績，更在乎肯定。看不出來吧？看不出來的，別說你認識天秤。

真的，很少人能看穿表面優雅和諧，努力表現出溫良恭儉讓之天秤座的我真正的面目。我的確是這樣矛盾之人，天秤的兩頭永遠在天人交戰，黑與白、是與非、日與夜、善與惡……哪邊多一點都不行。

我在寫這本書的過程中，也是不斷地自我思辨和檢討，雖然辛苦，但也很珍貴。

難怪古代很多偉人都要閉關，一直忙忙碌碌，就絕對沒有時間思考。到底何時該堅持？何時要放下？如果連我自己都無法釐清這個邏輯，又如何能跟大家分享「奇蹟產生器」呢？

二〇一三年，兩岸關係良好時期，我報考中國傳媒大學廣告學系博士班，愛贏好勝的我一直是班上資優生，進度超前其他同學，不論開題、期中口試、兩篇國際論文發表在在超前過關。

但因打拚事業錯過畢業黃金時機，八年大限將至，我才從花蓮縣府觀光處長退下，正想說終於可以專心準備最後一哩路——「盲測和期末口試」，沒想到此時兩岸關係緊張，再加上我十二職等公務人員身分，讓我不知不覺離畢業之路越來越遠。

剛開始我也勤跑央圖，按照指導教授要求蒐集兩岸相關論文，想要靠「懂得堅持」創造奇蹟，但是，堅持一個月後，我發現不能閉門造車，還是要問問前輩師哥、同學們的寶貴經驗。

同學說，原本期末口試六十幾分的他認為可以低空飛過，沒想到學校臨時開教務會議，決議台灣生素質高，及格成績應該提升至七十分。評估情勢，我認為這是政治因素，非戰之罪。

再加上，我回歸初衷，想想當初自己堅持讀大陸博士班的理由：為求有機會在大陸任職；為求大陸博士學歷受台灣教育部認可，可於國立大學任教授；但物換星移，現在的我既不想在大陸工作，也已經受聘擔任私立大學副教授，實在沒必要盲目地堅持。

我想說的是，只有你自己最清楚、最知道自己要的是什麼？不論堅持或放下，一字曰之心，順從你的心意吧！「未經他人苦，莫勸他人善」，我沒有經歷過你人生的酸甜苦辣，沒有資格給你什麼了不起的建議，但若因為我個人小小的分享，能讓你破繭而出，有智慧明辨這十大金律的前因後果或孰是孰非，那我也算是功德一件。

每個人都有義務再重生一次。

父母生下了肉身的你，你的首要義務就是為自己的大腦灌裝新的軟體。人來到世界上，到底是為了什麼？人生到底有什麼意義？凡是生命必會有生死，人生從何來？死向何方？回答這些問題之前，人要先問：「哪裡才是我的天堂？」人生主要任務是尋找自己的天堂。找到了之後，把自己擺在對的位置上。一個人如果活在自己的天堂，這些問題再也不是問題，因為他已經不需要答案。然而每一個人對天堂的定義不一樣。（知名漫畫家蔡志忠）

就像讓鳥活在水底、讓魚飛在天空、讓泰山移居都市、讓《慾望城市》的凱莉住在森林，他們都會失去了原有的能量和光彩，希望透過這本書，你能找到自己的天堂，也能找到自己的十大金律，創造出專屬自己的「奇蹟產生器」！

雖然這本書我只花了不到一個月的時間完成，但是醞釀期超過兩年，我知道很多人對於產生奇蹟的金律絕對有自己的解讀，我很歡迎大家提出自己的見解跟我分享，但我想表達的是，這十大金律是我這兩年來經過不斷反覆思考，確認出來的基礎架構，尤其在懂得自省和懂得面對部分，人人都會犯錯，不分凡愚聖賢，能原諒自己和他人者謂之「寬」；反之則謂「窄」。他人能原諒自己者是良師益友；反之則為冤親債主。壓力的英文拼字 stressed，倒過來的組合變成 desserts，中文翻譯是甜點。懂了吧？改變自己的想法，壓力也可以變成甜點，a piece of cake! 端看你一念間。

有一天長頸鹿心血來潮，跟森林之王獅子說，我來為您做畫吧！結果畫出來的成品令人噴飯（詳見圖片）。這個網路笑話教我們的是：高度不同、視野就不同！這也是為何我常鼓勵大家不要當井底之蛙，只會坐在井內窺天，以為自己擁有的這片天就已是全世界；反之，應該要站在巨人肩上看世界，或者讓自己成為強者，登泰山而小天下。跨出自己的那一步，一點點改變，你會發現世界其實比想像的還要寬闊！

高度除了可以決定視野以外，更能決定格局！

高度不同，視野也隨之改變

（圖擷自網路）

站在一樓，有人罵我，我聽到了很生氣！

站在十樓，有人罵我，我聽不清，還以為他在和我打招呼！

站在一〇〇樓，有人罵我，我根本聽不見，也看不見！

人之所以痛苦，是因為高度不夠，所聞所見都是雞毛蒜皮的小事，才會困擾、糾結著自己。當代日本知名企業家稻盛和夫說，放大你的格局，你的人生將會不可思議！

我曾答應本書前一〇〇本訂購者的那位智者，在我有生之年，永遠要效法她將「利他」放在「利己」之前，希望可以運用自己小小的個人經驗和理念，讓社會產生正面吸引力法則，一萬人中只要有一人受到啟發，那也已經足夠！如果大家都可以先從自己做起，用正面影響正面、用善引發善，這個社會才會更美好，我想！

人生顧問 546

奇蹟產生器
心想事成的正念執行力

作者—唐玉書
文字統籌—李碧華
封面攝影—葉集偉
主編—謝翠鈺
責任編輯—廖宜家
行銷企劃—鄭家謙
封面設計—兒日設計
美術編輯—張淑貞

董事長—趙政岷
出版者—時報文化出版企業股份有限公司
108019 台北市和平西路三段二四〇號七樓
發行專線—（〇二）二三〇六六八四二
讀者服務專線—〇八〇〇二三一七〇五
（〇二）二三〇四七一〇三
讀者服務傳真—（〇二）二三〇四六八五八
郵撥—一九三四四七二四時報文化出版公司
信箱—一〇八九九　台北華江橋郵局第九九信箱

時報悅讀網—http://www.readingtimes.com.tw
法律顧問—理律法律事務所　陳長文律師、李念祖律師
印刷—勁達印刷有限公司
初版一刷—二〇二五年一月十七日
初版三刷—二〇二五年二月二十五日
定價—新台幣三六〇元
缺頁或破損的書，請寄回更換

時報文化出版公司成立於一九七五年，
並於一九九九年股票上櫃公開發行，於二〇〇八年脫離中時集團非屬旺中，
以「尊重智慧與創意的文化事業」為信念。

奇蹟產生器 : 心想事成的正念執行力 / 唐玉書著 . -- 初版 . -- 臺北市 : 時報文化出版企業股份有限公司, 2025.01
面 ;　公分 . -- (人生顧問 ; 546)
ISBN 978-626-419-143-2 (平裝)

1.CST: 成功法 2.CST: 生活指導

177.2　　113019648

ISBN 978-626-419-143-2
Printed in Taiwan